APRENDA A PROCURAR EMPREGO

Prof. Vitor H Peroni

Tudo o que você precisa saber

Útil para você, um parente, um amigo, hoje ou futuramente

FONTES PRINCIPAIS

Pesquisas sobre os perfis de trabalhadores e candidatos a emprego exigidos pelo RH de pequenas, médias e grandes empresas, nacionais e multinacionais como também, perfis de trabalhadores autônomos de sucesso, colaboraram para a elaboração deste livro.

"A pandemia Covid 19 será um marco divisor entre o passado e o futuro na postura empresarial". A nova geração do pós-pandemia, com certeza dará outro molde ao mundo.

PROCURAR EMPREGO NA QUARENTENA

- Identifique os empregadores do momento.

Não se deixe desanimar com conversas sobre desemprego. Esta pandemia vai passar e milhares de novos empregos surgirão. Você tem muito a oferecer ao mundo do trabalho.

- Se você estava pensando em mudar de área ou de emprego, a melhor hora de planejar isto é agora.

-Mesmo com a pandemia desanimando contratações de novos empregados, muitas empresas estão recrutando novos talentos para novas funções.

- Durante esta situação de isolamento, não se esqueça de que você não deve isolar-se. Aproveite este tempo de folga para manter suas redes sociais ativadas. Principalmente neste momento, amigos, colegas, conhecidos, professores, parentes são pessoas importantes no fornecimento de indicações úteis que possam abrir portas para um emprego.

- Reveja e atualize seu perfil nos currículos.

- Milhares de cursos on-line estão disponibilizados neste momento e escassez de empregos. É hora de você reciclar-se.

- Prepare-se para entrevistas de perfis diferenciados.

- Rascunhe várias vezes o seu perfil. A cada nova rascunhada, mais aperfeiçoado ficará.

-A troca de emprego provoca ansiedade e isto não deve impedi-lo de arrojar-se.

- Veja aqui algumas ocupações temporárias onde você poderá inserir-se:

entregador – motoboy – repositor de mercadorias – empacotador para empresas que atuam no e-commerce – assistente de logística – auxiliar de enfermagem – cuidador de idosos – babá – atendente tele-marketing – operador de e-commerce – organizador de home-office – técnico em criação de aplicativos funcionais –

Entre em um site de pesquisas e digite:

Empregos - agência de emprego - recrutadores -   e o nome da cidade de seu interesse.

Digite também:

Sites de buscas de empregos/lista/Brasil

Sites de buscas de empregos/lista/nome do estado

Sites de buscas de empregos/lista/nome do país

https://vagacerta.sp.gov.br/mutirao/

PROFISSÕES ALTAMENTE REMUNERADAS (ilustrativas)

EM QUALQUER OCUPAÇÃO, SEU SUCESSO DEPENDE APENAS DE VOCÊ.

Procure cada uma das ocupações abaixo e persiga-as até que possa conquistá-las.

Medicina - Odontologia - Advocacia - Engenharia Civil - Engenharia Química - Engenharia Mecânica e Metalúrgica - Engenharia Elétrica e automação - Engenharia de Transportes - Vendas em Engenharia - Cálculos Estruturais em Engenharia - Processos Engenharia - Estatística - Editor - Logística de Projetos -

Analista de Produtos - Gerente de Logística - Setor Jurídico Empresarial - Analista de Projetos - Gerente de Vendas - Diretor Comercial - Superintendente de Seguros e Resseguros -Gerente de Shopping Centers - Gerente de Comunicação e Marketing - Jornalista - Gerente de Telecomunicações - Gerente Comercial de Rede de Televisão - Apresentador de Produtos Industriais - Diretor Fiscal - Diretor Industrial - Gerente de Banco - Analista Profissional - Gerente de Indústrias de Óleo e Gás - Operadores de Infra-Estruturas - Diretor de Empresa Agrícola - Diretor Jurídico - Diretor de E-Commerce -Gerente - Vendedor de Produtos de Alta Tecnologia - Diretor Executivo de Tecnologia - Organizador de Eventos - Técnico de Futebol - Jogador de Futebol - Gerente de Supermercado - Agente de Viagem - Gerente de Concessionária - Designer Industrial - Vendas de Publicidade -

e mais:

Especialistas em: Redes - Ceo - Anti-Hacker - Banco de Dados - Segurança de Sites - Comércio Eletrônico - Analista de Sistema em T.I. - Montagem e Manutenção de Eletrônicos - Análise de Web - Editores de Conteúdo - Editor de Negócios - Infraestrutura Comercial ou Industrial - Programação Oracle, Adword e centenas de outras boas profissões.

- A oferta de empregos, em breve, virá avassaladora. Com o dólar em alta favorecendo as exportações, com certeza, o aumento da produção levará a uma demanda de mão de obra, especializada ou não, para dar vazão às necessidades operatrizes. Será a revanche pós pandemia. Quem viver verá.

Do catador de latas vazias de alumínio hoje, até se tornar um construtor naval no futuro, tudo depende de apenas um pequeno detalhe: planejamento: prepare a maneira que você vai seguir, planeje, programe, se exercite. Nenhum acrobata anda na corda bamba a 10 metros do solo sem antes ter treinado 10 cm de altura ".

Abra um site de pesquisas e digite: ocupações mais bem pagas do mundo ou
melhores empregos do país

PRÓLOGO:

Com certeza, o desemprego é o grande fantasma de todo trabalhador. Não existe preocupação maior. É assustador esta possibilidade. Carências de todos os tipos assolam a vida de um desempregado e hoje, final da segunda década do Século XXI, há quem diga que hajam 900 milhões de pessoas desempregadas em todo o Planeta.
Em nome da obsessão pela qualidade, a modernização via robotização está chegando avassaladora. E com ela, a seleção natural por empregados qualificados está a cada dia mais rigorosa e além do mais, postos básicos do trabalho humano

estão sendo substituídos por braços de aço, onde o trabalho de cem robôs é comandado por apenas uma pessoa.

As consequências são previsíveis. Hoje somos sete bilhões e meio. Até o final deste século, doze bilhões vivendo em nosso Planeta. Haverá emprego? Aumentará o emprego informal? Hoje, segundo a O.I.T. (Organização Internacional do Trabalho), 61% da população ativa do Planeta, trabalham na informalidade. Governos de todo o mundo se verão obrigados a reservar uma boa fatia de seus orçamentos para suprir o desempregado, como acontece hoje no Brasil, a exemplo do bolsa-família cujo auxílio às famílias extremamente carentes pode chegar ao equivalente a cem dólares mensais e mais a isenção do pagamento do consumo de energia elétrica. Então, o que fazer? Substituir a exportação de produtos "in natura" por produtos industrializados, principalmente nas áreas de minérios e de alimentos, garantirão o emprego de milhões. Investir na qualidade, quantidade e conservação de alimentos, garantirá o prato de cada dia e, milhares de soluções existem. Fora isto, o investimento pessoal em qualificação profissional é fundamental. Escolas de Ensino Médio têm como estruturar obrigatoriamente um ensino profissionalizante. As Universidades deverão investir pesadamente num ensino que bem qualifica o formando.   Segundo a Nasa e a IBM, até 2030, dois bilhões de empregos serão substituídos por outros que se utilizam de tecnologias que se renovam.

E você? O que fará para evitar que um robô roube o seu emprego? Qualificação profissional constante é a solução. Se você é um mecânico de automóveis, faça cursos para mecânico de caminhões ou máquinas agrícolas. Seja você, médico, engenheiro, advogado, dentista, professor, comerciário, operário, tenha sempre um trunfo em suas mãos. Não fique esperando o desemprego acontecer para reciclar-se profissionalmente.

01 CARO TRABALHADOR:

Seja bem-vindo ao maravilhoso mundo dos empregos.

Nunca desanime com conversas sobre desemprego ou dificuldades em consegui-lo. Cada um tem o seu potencial e você não é igual a ninguém.

Na procura por um emprego, o interesse da Empresa por sua qualificação quase sempre é muito maior do que o seu interesse em trabalhar nesta empresa. Tudo depende das qualificações de ambas as partes.

A procura por um emprego é uma etapa onde a maioria de nós, Seres Humanos, temos que passar. Há emprego para todos. Conhecendo alguns caminhos, esta procura pode ficar mais fácil.

02 PRINCIPAL DOCUMENTO DO TRABALHADOR

CARTEIRA DE TRABALHO

(CTPS) onde requerer gratuitamente:

É na Carteira de Trabalho onde sua vida como trabalhador estará detalhada...

Delegacia do Trabalho P.A.T. POUPATEMPO Prefeitura
Levar:
02 fotos 3×4, fundo branco, coloridas ou em preto e branco, iguais e recentes;
CPF; Um Documento de Identificação obrigatório: Carteira de Identidade ou
Certificado de Reservista – 1ª, 2ª ou 3ª categoria para homens, Carta Patente (no
caso de militares) ou, Carteira de Identidade Militar ou, Certificado de Dispensa
de Incorporação ou, Certidão de Nascimento ou, Certidão de Casamento ou
qualquer outro documento oficial de identificação;
Comprovante de Residência (conta de água, luz, telefone ou gás) e, ao conseguir
emprego, apresentar:
Carteira de Trabalho; Carteira de Identidade ou Certidão de Nascimento;
Certidão de Casamento se for casado; comprovante de residência; cartão do PIS
(se for o primeiro emprego, não precisa); histórico escolar; Título de Eleitor e
comprovante de votação; certidão de nascimento dos filhos, se menores de 14
anos; cartão de vacina dos filhos, se menores de 7 anos e comprovante de
frequência escolar se maior de 7 anos

03 DIREITOS DO TRABALHADOR BRASILEIRO

você como trabalhador possui muitos Direitos. Veja
aqui todos eles...

-Adquirir uma CARTEIRA DE TRABALHO E PREVIDÊNCIA SOCIAL
(CPTS) com registro do primeiro ao último emprego
-Ter um PISO SALARIAL da categoria, reajustado anualmente
-Ter direito a férias remuneradas, terço de férias, décimo terceiro salário e Fundo
de Garantia recolhido.
-Se mulher, gozar licença-gestante por até 180 dias.
-Ser filiado a um SINDICATO
-Ter-lhe assegurado um SEGURO DESEMPREGO
-Participar de um programa de QUALIFICAÇÃO PROFISSIONAL
-Se egresso do sistema penitenciário poder cadastrar-se num Posto de
Atendimento ao Trabalhador e inserir-se num plano de cotas de empregos
ofertados obrigatoriamente por empresas participantes de licitações de obras e
serviços públicos
-Todo estudante de Escola Técnica, a partir dos 14 anos de idade, participar
como aprendiz em empresas de médio e grande porte inseridas no sistema de
cotas de vagas
-Quando desempregado há mais de um ano, a partir dos 17 anos de idade,
participar emergencialmente de Frentes de Trabalho, oferecidos por órgãos
públicos, sem vínculo empregatício.
-Atuar no TELETRABALHO ou HOME-OFFICE, tendo todos os seus gastos
com equipamentos, energia, internet, formalizado com o patrão via contrato,
para ressarcimento das despesas. O controle do trabalho será feito por tarefa e
não por horário.

-APOSENTAR-SE.

Entre em um site de buscas e digite: "nova legislação trabalhista' e informe-se sobre todos os seus direitos.

SUMÁRIO

13 CONCURSOS PÚBLICOS... Todo Emprego Público representa a certeza da garantia de emprego. É trabalho seguro até a aposentadoria. Veja aqui muitas dicas e técnicas de estudos que poderão colocá-lo na frente dos outros candidatos...

14 GRANDES EMPRESAS TELEFONE 0800... 0 800 DISCAGEM DIRETA GRATUÍTA (ligue e peça informações sobre empregos) são centenas de nomes de empresas com seu 0800 facilitados para você...

15 O QUE O MERCADO DE TRABALHO QUER... Para cada tipo de trabalho, há um perfil diferenciado exigido. São os requisitos desejáveis. Veja onde você se enquadra...

16 O QUE O MERCADO DE TRABALHO REJEITA... Veja aqui os requisitos indesejáveis rejeitados por todas as empresas. Veja onde você se situa e elimine-os.

17 DICAS IMPORTANTES PARA ENCONTRAR SEU EMPREGO... Veja aqui muitos caminhos que você deve seguir em sua busca por um emprego...

18 RAMOS DE ATIVIDADES... Escolha a sua profissão. Desenvolva uma qualificação, trabalhando nela. Escolha a que mais lhe agrada e vá à luta. Há um emprego te esperando. São centenas de atividades em que você pode trabalhar...

19 O MERCADO DE TRABALHO... O Brasil, desde a entrada no 3° milênio, tem se mostrado como um dos países emergentes mais promissores no campo das ofertas diferenciadas de trabalho. Em todos os lugares por onde você passa há alguém trabalhando. Veja aqui muitas dicas...

20 TABELA GERAL DE SALÁRIOS DO MERCADO DE TRABALHO... Veja nesta tabela e escolha uma profissão bem remunerada...

21 LISTA DE ALGUMAS PROFISSÕES... consulte os portais: guia das profissões guia de carreiras...

22 O TRABALHO AUTÔNOMO... Trabalhar como autônomo enquanto aguarda um bom emprego, tem sido a grande saída para a maioria das pessoas. E muitas se dão muito bem. Veja aqui muitos caminhos que você pode seguir...

23-VEJA O QUE FAZ CADA PROFISSÃO... veja aqui o "modus operandi" de cada profissão.

24 MODELOS DE QUALIFICAÇÕES... Suas qualificações são o seu retrato para a empresa. Temos aqui muitos exemplos de qualificações. Veja onde você se enquadra, aproveite os exemplos e acrescente mais algumas. Ao procurar por um

emprego, é o que você SABE FAZER o que interessa para uma Empresa.
Transforme seu currículo num "cartão de visitas" ou em sua "impressão
digital"...

25 ALGUMAS ESPECIALIDADES NA ÁREA DE INFORMÁTICA... O
mercado de trabalho na área de informática, amplia-se de modo globalizado...

26 CURSOS GRATUITOS DE QUALIFICAÇÃO PROFISSIONAL... Encontre
aqui muitos sites com cursos gratuitos de qualificação profissional...

27 APRENDA UMA PROFISSÃO... HOJE AGORA...Aprenda agora mesmo
uma profissão. Leia aqui e veja os passos para começar a aprendê-la agora, neste
momento. São muitas profissões aqui disponíveis. Basta querer. Veja como é fácil
aprender a profissão de...

28 SOMENTE PERMANECEM FUNCIONÁRIOS FLEXÍVEIS... Aprenda a
ser flexível. Ser linha dura pode não lhe favorecer. Aprenda aqui como adaptar-
se...

29 DICAS e CONSELHOS PARA TODOS... Dicas e conselhos podem nos ser
úteis. Veja aqui a importância dos conselhos e dicas...

30 O EMPREGADO PERFEITO... O empregado perfeito existe aos milhares.
Veja aqui quem são eles...

31 CHANCES FEMININAS... Veja aqui como se posiciona a mulher no mundo
do trabalho...

32 ENTREVISTA DE EMPREGO... Todo entrevistador espera encontrar em
você, um novo talento: Seja para a área de trabalhador braçal, de nível médio ou,
de nível universitário, você deve possuir todos os requisitos desejáveis para a
função. Quem possuir qualificações de sobra, é claro, ganha o emprego...

**33 COMO SERÁ A MINHA ENTRADA PARA O MERCADO DE
TRABALHO?... Você terá que seguir as regras do mercado, ou seja, procurar**
emprego. O mercado de trabalho me aceitará sem experiência anterior? É claro
que sim. Ninguém nasceu trabalhando...

34 O MEU PRIMEIRO EMPREGO... Ao completar 16 anos, todo jovem,
habilita-se na idade, para o mercado de trabalho. Será o seu 1o emprego. Ao
terminar os estudos nos ensinos fundamentais, médios ou técnicos, todo jovem
capacita-se culturalmente para o mercado de trabalho. Ao terminar a Faculdade,
todo jovem habilita-se na área estudada ao mercado de trabalho. E, com certeza
vem o primeiro emprego. Veja aqui nossos anseios, inseguranças e
comportamentos vividos por todos ao encontrar o primeiro emprego...

35 PROCESSO SELETIVO DENTRO DE UMA EMPRESA... Todo processo seletivo, geralmente é composto por várias etapas básicas Aprenda aqui como são as etapas utilizadas pela empresas...

36 DINÂMICA DE GRUPO... É a avaliação de um candidato diante dos demais concorrentes. Aqui, avalia-se o potencial que o candidato tem em expressar suas ideias e seu relacionamento com o grupo. Conheça muitas dicas que poderão ser-lhes úteis...

37 MODELOS DE CARTA PEDINDO EMPREGO... Juntamente com as qualificações em seu currículo, anexe uma cartinha de pedido de emprego ao Departamento Pessoal da Empresa. Não se esqueça: Esta carta faz parte do pedido de emprego. Pode fazer a diferença. Veja modelos de cartas para todos os tipos de qualificações: desempregados, primeiro emprego, donas de casa, motoristas...

38 MODELOS de CURRICULUM-VITAE... Aprenda aqui como fazer um bom currículo. Temos muitos modelos prontos, Veja aqui. Basta preenchê-los. Basta colocar suas qualificações. São centenas delas e com suas melhores jogadas...

39 OS PRIMEIROS DIAS DO EMPREGO... Em seus primeiros dias de emprego, seja equilibrado em tudo: roupas normais; pontualidade nos horários, assiduidade; na dúvida, pergunte pela segunda vez. Siga aqui os caminhos corretos para os primeiros dias no emprego...

40 ADMINISTRANDO PRESSÕES...Em todas as profissões, o point de sua competência sempre será o seu potencial em administrar tensões. Seja numa oficina mecânica ou,...Siga aqui os melhores caminhos a seguir quando do surgimento de tensões no cotidiano do trabalho...

41 ESTA EMPRESA É TUA... Aja sempre como se assim fosse. "Comprometa-se com a empresa. Vista a camisa. Defenda-a em todas as circunstâncias. Projete-a, aumente-lhe sua produção, dê-lhe lucros, amplie seus horizontes, dê palpites, "morra" por ela." Veja muito mais...

42 O DESEMPREGO... Veja aqui um bom exemplo de pessoa guerreira que, ao perder o seu emprego, foi à luta imediatamente, sem desânimo, sem contentar-se com seu fundo de garantia e salário desemprego, conseguiu um emprego melhor ainda que o anterior. Veja aqui...

43 O SONHO BRASILEIRO... Sou Brasileiro, com muito orgulho e com muita honra. Temos as mais belas paisagens do mundo. Não temos desertos, nem...

44 O EMPREGO PERFEITO... Ganhar muito bem. Ganhar bem mais do que aquilo que eu possa gastar. Um emprego com garantias de estabilidade. Um ambiente... Isto existe e é possível. Basta aprender como...

76 PESQUISE AQUI O SEU EMPREG0 (como conseguir emprego em seu Estado, em sua Cidade ou em qualquer Cidade do mundo…)

77 TODOS OS ESTADOS BRASILEIROS e como conseguir emprego neles

78 ALGUMAS CIDADES BRASILEIRAS: e como conseguir emprego nelas

79 EMPREGOS INTERNACIONAIS

80 TODOS OS PAÍSES DO MUNDO e como conseguir emprego neles

81 AS MAIORES CIDADES DO MUNDO e como conseguir emprego nelas.

82 QUER TRABALHAR EM NAVIOS DE CRUZEIROS?

83 LINKEDIN: DICAS

84 R.H. (Recursos Humanos)

85 LEMBRETES

APRENDA A PROCURAR EMPREGO

04 ÂNIMO: UM EMPREGO TE
ESPERA

 Ao ler este tópico, sua auto estima aumentará de imediato e você terá certeza de que um emprego te espera…

a)É objetivo deste livro, facilitar sua vida na procura por um emprego. É um guia prático e de fácil entendimento para todos. Aqui você encontrará caminhos a seguir.

b)Um momento de grande expectativa na vida de uma pessoa é o da procura por um emprego. Atinge todas as idades e situações: seja a do primeiro, a do meio ou do último emprego, a insegurança bate pesado. Indicar-lhe o caminho mais promissor é o nosso objetivo.

c)Existe trabalho ou emprego em todos os cantos do mundo. Por todos os lugares há pessoas trabalhando. Portanto, há trabalho em todos os lugares.

d)Ninguém está condenado a ser pobre para sempre. Através do trabalho o Ser Humano tem dado viradas espetaculares. Você sabe disto.

e)Todas as pessoas possuem Qualificações para o trabalho. Seja para a função de Engenheiro Nuclear como para Catador de Papéis, tem que haver qualificações.

f)Ninguém é único em Qualificações. Só nasci para ser Professor e não aceito mais nada... Que tal ser mergulhador/a, pesquisador/a de tubarões ou engraxador/a de cabos teleféricos? Por que não? Só aceito emprego de Professor?

g)De desempregado hoje a empregador um mês depois. Isto não é raro.

h)Na procura por um emprego você tem dois caminhos a seguir: esperar que abram vagas e ir lá para preencher sua ficha ou, enviar sua ficha preenchida antes mesmo da abertura das vagas.

i)Ao procurar um emprego, você estará envolvido em dois jogos de interesses: o seu e o do empregador. São interesses recíprocos. Você quer um bom emprego e o empregador quer o melhor empregado. Muitas vezes, o interesse do empregador em você pode ser maior do que o seu pelo emprego. Tudo depende das qualificações de ambas as partes.

j)Mesmo que você tenha apenas dezesseis anos de idade, sem nenhuma. experiência em trabalho anterior, sua grande qualidade pode justamente estar no seu potencial que pode ser desenvolvido dentro da empresa.

k)Antes de sair à procura por um emprego, você deve rascunhar num papel, todas as suas qualificações. Todas. Tente várias vezes e verás que à cada nova rascunhada, novas ideias lhe surgirá. Você estará assim se preparando para o novo emprego.

l)Quando você souber de informações sobre abertura de vagas de emprego, compareça imediatamente ao local, munido de todos os documentos e preencha todos os requisitos que a empresa exigir.

m)Aprenda a fazer o seu Currículo. Não tem segredos. Pode ser feito à caneta, à máquina ou com o computador ou, até mesmo comprar o modelo na papelaria. O que interessa para a empresa são as suas qualificações.

n)Se você não souber preencher um Currículo, peça auxílio a um amigo, um professor, uma escola de informática ou um escritório especializado. Há neste Manual vários modelos . Se você não se enquadrar em nenhum, faça adaptações. Não tem segredos. Em algum modelo você se encaixará. Capriche em suas qualificações. É só o que interessa para a empresa.

o)Mesmo sem experiência anterior, envie o seu Currículo.

p)Experiência anterior é o grande fantasma de todo novato. Vença este obstáculo caprichando em suas qualificações e, envie seu pedido de emprego, sem medo. Há neste Manual vários modelos de qualificações onde qualquer pessoa se encaixa.

q)Se você é estudante Ensino Médio, em um Curso Técnico, ou Universitário, peça ao Diretor ou ao Coordenador, a criação de um convênio com uma Agência de Empregos ou de Estágios e com o C.I.E.E., que favoreça aos alunos. Exija isto ou tome a iniciativa em grupo. Partindo da Escola, tudo fica mais fácil. Com um estágio, seu emprego virá.

r)Lembre-se sempre: Nenhum Diploma garante a profissão estudada na Escola. Nenhuma profissão será necessariamente a sua vida. Pesquise dentro de você, novos rumos, novas rotas, novos caminhos e, tente.

s)Versatilidade é a cara ideal para todo candidato a emprego. Adapte-se imediatamente à nova expectativa. Destrave-se.

t)Esteja sempre atento às inovações do mercado de trabalho. Inovação é a chave do sucesso. Quem não se inova, envelhece e quebra.

u)Recicle-se sempre. Faça cursos, estágios, vá à Biblioteca Pública e pesquise livros técnicos de sua área ou de outras. Estude sempre. Seja na Escola ou por conta própria. Há bons Cursos até mesmo por correspondência. Há Cursos em Vídeo, CD, e até pela televisão, pela Internet e às vezes, totalmente gratuito.

v)Existe ocasião em que o emprego pode morar ao lado de sua casa. Porém, uma placa de "Não há Vagas" ou "Exige-se experiência anterior", põe fim ao seu anseio. Neste caso, utilizando-se de técnicas corretas, um emprego poderá vir a ser seu.

w)Nunca desanime com conversas sobre desemprego, ou sobre as dificuldades em consegui-lo. Cada pessoa tem o seu potencial e você não é igual a ninguém.

x)Desde Adão e Eva que o Ser Humano movimenta-se por todos os rincões de nosso Planeta. Enquanto uns vão, outros vêm. Você sabe disto. E, todos à procura de melhores locais para uma vida melhor.

y)Não existe emprego apenas em sua cidade. Há emprego em todos os lugares. O mundo é muito grande. Não se acomode num lugarzinho. Movimente-se. Nossa vida é uma dinâmica. Do Polo Norte ao Polo Sul, da América do Sul ao Japão, do Canadá à China, há muito espaço e trabalho. Lembre-se sempre: Você, seus pais, seus avôs, vieram de onde? Ninguém nasceu para ficar plantado num único lugar. Você sabe disto. Movimente-se.

z)O Brasil é um país livre. As pessoas têm liberdade para decidirem suas vidas. Adquirir conhecimentos, informações e novas técnicas é o que faz a diferença entre os Seres Humanos.

Mesmo achando que todos os caminhos da procura por um emprego estejam nos canais da Internet, há também canais práticos em nosso cotidiano.

a)Informações sobre vagas de emprego ocorrem principalmente nas rodas de amigos, nos bate-papos, nas redes sociais, na escola, na fila do ônibus. Converse, peça informações, exponha-se. Alguém sempre lhe dará uma luz sobre vagas em algum lugar. Não seja tímido. Ninguém nasceu trabalhando. Todos saíram à procura e encontraram as mesmas dificuldades que você está encontrando agora.

b)Nos portões das empresas. É o primeiro local onde a Empresa anuncia suas vagas. Procure, passe em frente, pare, pergunte, telefone. Insista sobre vagas. Alguém sempre lhe informará.

c)Nos anúncios de jornais, em seus classificados, seja grande ou de pequeno jornal, sempre é possível encontrar ofertas de vagas. Pesquise.

d)Nos programas de Rádio e de TV. Em toda boa Rádio há programas de anúncios de ofertas ou de procura por emprego. Se não houver oferta, anuncie a sua procura. Sempre é possível obter-se algum retorno. Ligue para as Rádios e obtenha os horários dos programas. Acesse o site da TV/empregos. Por exemplo: TV.com.br/empregos e aparece o portal e ABRA MUITOS portais de emissoras de televisão. E em todas as estações de TV sempre tem anúncios de ofertas de vagas.

e)Nos Escritórios de Contabilidade. É o primeiro local procurado para a abertura de uma nova empresa. Diariamente, são milhares de Empresas iniciando atividades. E todas elas passam por um Escritório de Contabilidade. Consulte uma lista telefônica de sua cidade e ligue para muitos escritórios e pergunte sobre onde procurar as novas Empresas. Faça isto e poderás ficar surpreso com a rapidez de um emprego arrumado.

f)Nos Sindicatos, centros de Solidariedade ao Trabalhador, na Secretaria de Relações do Trabalho (sp) de sua cidade, no Sebrae, Sesi, Senai, na Associação Comercial, nos postos de atendimento ao trabalhador, no SINE (sistema nacional de empregos) através de seu site: http://www.mte.gov.br NO LINK (rede de atendimento) ou http://www.mte.gov.br NO LINK (emprega Brasil) ABRA SEU ESTADO, MUNICIPIO E PROFISSÃO DESEJADA
Há números de telefones nas listas ou clique sua cidade em um site de busca:

(nome da cidade/Pat), pedindo informações sobre ofertas de empregos. Ex: São Paulo/Pat, Santos/Pat

g)Nas Prefeituras. É ali que as novas Empresas requerem alvarás ou licenças de funcionamento. Ligue e pergunte sobre o endereço de novas Empresas. Com educação e simpatia, você conseguirá muitas informações neste setor.

h)Ao tomar conhecimento de que uma nova empresa entrará em funcionamento, acione-se. Vá à procura dos proprietários e ofereça seus serviços. Saindo na frente, você chegará em primeiro lugar pois, em qualquer empresa que você entrar e pedir trabalho, é certo que sempre haverá um atendimento cordial. Não tenha medo.

i)Nas redes sociais da Internet, orkut, twitter, msm, me responda, youtube, yahoo, facebook, blogs, wikipedia/Lista_de_redes_sociais , Linkedin, Instagran, dentre tantas que existem, exponha-se, entre nas rodas de bate papo, em grupos no whatsApp, peça indicações de trabalho, emprego, concurso. Alguém sempre lhe auxiliará. Pode ter certeza disso.

j)Na Internet. Acione um site de busca, as palavras: EMPREGO, ou PROCURANDO EMPREGO, ou TRABALHO ou QUERO TRABALHAR, ou PROCURO TRABALHO ou, BALCÃO DE EMPREGOS ou, POSTO DE ATENDIMENTO AO TRABALHADOR (PAT) ou, SISTEMA NACIONAL DE EMPREGO/SUA CIDADE) ou AGÊNCIAS DE EMPREGOS. Se você não tem Internet, procure um Escritório de Informática, um Técnico ou uma Empresa especializada ou mesmo um amigo que tenha um computador. Todos conhecem o caminho. Existem nas bancas, revistas que trazem endereços ou e-mail ou sites de Agências de Empregos. Acione os endereços e envie seu Currículo ou até mesmo, faça de imediato uma entrevista. Muitas empresas coletam entrevistas pela Internet. E, de repente, eis o seu emprego. TODOS OS SINDICATOS POSSUEM UM BALCÃO DE EMPREGOS . Ali você será bem orientado.
Procure um posto telefônico e folheie LISTAS TELEFÔNICAS nas páginas amarelas. Olhe no índice os itens abaixo
ou
Abra a INTERNET (sites de buscas) e digite os termos abaixo + cidade/profissão
Por exemplo
MINISTERIO DO TRABALHO E EMPREGO/MAIS EMPREGO
PAT/nome da cidade/sigla do Estado/mecânico
EMPREGOS/SÃO PAULO
APOIO AO TRABALHADOR/RECIFE
SELEÇÃO DE MÃO-DE-OBRA/CUIABÁ/operário
BALCÃO DE EMPREGOS/UBERLANDIA
VAGAS DE TRABALHO/PEDREIRO/SOROCABA
POSTO DE APOIO AO TRABALHADOR/nome da cidade
EMPREGOS-AGÊNCIAS/nome da cidade/designer gráfico
SELEÇÃO DE PESSOAL/nome da cidade/nome da cidade
SELEÇÃO DE MÃO-DE-OBRA
MÃO-DE-OBRA-TEMPORÁRIA/nome da cidade

VAGAS DE TRABALHO EM ….(nome da cidade)…………
SECRETARIA DE ESTADO DO TRABALHO/nome do Estado
CONSULTORES EM RECURSOS HUMANOS/nome da empresa
TRABALHO AVULSO/nome da cidade
SERVIÇOS TEMPORÁRIOS/nome da cidade
RECRUTAMENTO/nome da cidade
BALCÃO DE EMPREGO/nome da cidade
EMPREGOS-AGÊNCIAS/nome da cidade
SELEÇÃO DE PESSOAL/nome da cidade
SELEÇÃO DE MÃO-DE-OBRA/nome da cidade
NOME DA CIDADE/EMPREGOS
NOME DO ESTADO/EMPREGOS
BRASIL/EMPREGOS
ESTÁGIOS/nome da empresa
TRAINEE/nome da empresa

Por exemplo Ministério do Trabalho e emprego/mais emprego /**mecânico**
EMPREGOS/SÃO PAULO/nome da profissão
APOIO AO TRABALHADOR DESEMPREGADO/RECIFE
SELEÇÃO DE MÃO-DE-OBRA/CUIABÁ/operário
      SINE.GOV.BR/nome da profissão
            nome da profissão/emprego/sindicato desta
profissão

AGÊNCIAS DE EMPREGOS/NOME DA CIDADE
           POSTO DE ATENDIMENTO AO
TRABALHADOR/nome da cidade

e ainda:

- Faça uma lista com as maiores empresas de sua cidade. Entre no site de cada uma delas. Entre no TRABALHE CONOSCO ou no FALE CONOSCO ou no telefone 0800 e pergunte sobre vagas de empregos e sobre o e-mail do departamento de recursos humanos e envie seu currículo.

- Em seu celular abra APPS sobre EMPREGOS e entre em todos. São muitos os apps sobre empregos. Seu emprego pode estar em suas mãos.

- Abra um site de buscas e digite:
         nome de sua cidade/ "empregos mais ofertados" ,
"vagas de empregos", "diplomas mais qualificados para emprego", "melhores ofertas de empregos", "nome da empresa/sua qualificação"

- Rascunhe o seu currículo várias vezes. Pesquise modelos de currículos, mude a apresentação de seu perfil, entre no YouTube e assista apresentações de currículos

- Visite os portões das empresas de seu interesse e indague sobre vagas de emprego ou aproveite e deixe ali o seu currículo

- Com seu currículo às mãos, visite supermercados, farmácias, lojas, empresas de prestação de serviços enfim, seu emprego tem pressa e vá entregando currículos pessoalmente

- Informe todos os seus parentes, amigos, grupos das redes sociais, que você está procurando emprego. Exponha-se

- Após entregar seu currículo, sua convocação poderá ser imediata ou em uma semana ou duas. Mais que isto, mude seu foco para outra empresa.

06 APRENDIZ LEGAL

A partir dos 14 anos de idade, você pode ser contratado como aprendiz. Toda grande empresa é obrigada a contratar de 5 a 15% do seu quadro de funcionários como aprendizes. Veja isto e muito mais...

E se você tiver entre 14 e 24 anos de idade, abra um site de busca e digite PROMOÇÃO DO MENOR/EMPREGO ou MENOR APRENDIZ ou MEU PRIMEIRO EMPREGO. APRENDIZ LEGAL Leia mais:
Informações detalhadas em: abra um site de busca e digite APRENDIZ LEGAL
Alguns CURSOS oferecidos pelo programa APRENDIZ LEGAL: Auxiliar de alimentação, preparo e serviços, auxiliar de produção industrial, comércio e varejo, conservação, limpeza e sustentabilidade ambiental, cooperativismo, gestão pública, logística, ocupações administrativas, praticas bancarias, tele-serviços, turismo
Para qualquer Estado brasileiro, abra um site de buscas e digite o site oficial da cidade ou de seu estado. Por exemplo: São Paulo/menor aprendiz
Campinas/aprendiz legal
Nome da cidade / Paraná/aprendiz legal
Minas Gerais/aprendiz legal
Abra um site de busca e digite
Aprendiz legal/Brasil São Paulo/aprendiz legal
Empresa pública/aprendiz legal
É um programa feito para aprendizes em sua formação técnica e profissional que visa à execução de atividades teóricas e práticas em instituição qualificadas para isto. O Programa Aprendiz Legal amplia a chance do jovem para uma boa formação em sua articulação com o mercado de trabalho. Aplica-se a jovens com idade entre 14 e 24 anos incompletos onde, empresas de médio e grande porte são obrigadas a contratar uma cota de 5% a 15% do seu quadro de funcionários com funções que visem a formação profissional como aprendizes, por no máximo até dois anos de duração. O aprendiz tem os mesmos direitos de qualquer trabalhador: férias, décimo terceiro salário, fundo de garantia, vale transporte, dentre outros. Para ser beneficiado pela Lei, o jovem deve cursar a escola regular ou ter concluído o Ensino Médio. Cabe à família, acompanhar toda a trajetória do bom desenvolvimento, sua assiduidade e sanar qualquer dificuldade detectada, como também provê-lo com todo o suporte afetivo, de saúde e de

alimentação.

Para qualquer Estado, abra um site de buscas e digite o site oficial da cidade, por exemplo: São Paulo/menor aprendiz ou Recife/menor aprendiz ou, outras cidades brasileiras, indagando sobre os serviços oferecidos ao menor aprendiz.

Jovens ou empresas interessadas no aprendiz legal, devem entrar em contato com as instituições licenciadas no seu Estado.

TELEFONES PARA CONTATO EM CADA ESTADO:

Ligue e indague sobre o programa APRENDIZ LEGAL
ACRE 68 3224 8794
ALAGOAS 82 3388 2650 AMAPÁ 96 3225 3689
AMAZONAS 92 2101 4270 BAHIA 71 2108 8900
CEARÁ 85 3246 3590 DISTRITO FEDERAL 61 27014800
GOIÁS 61 4005 0750 MARANHÃO 98 3227 8300
MATO GROSSO 65 2121 2450
MATO GROSSO DO SUL 67 3318 0400 – PARÁ 91 3202 1450
PARAÍBA 83 2107 0450 – PARANÁ 41 3039 6599 – PERNAMBUCO 81 3131
6000 PIAUI 86 3223 8885 –
RIO DE JANEIRO 21 3535 4300 –
RIO GRANDE DO NORTE 84 3089 7700 –
RIO GRANDE DO SUL 51 3363 1000
RONDÔNIA 69 3043 3638 – RORAIMA 95 3624 2760
SANTA CATARINA 47 3473 5811 – SÃO PAULO 11 3046 8227 – SERGIPE 79
3214 2057 – TOCANTINS 63 3215 4927
Ligue para o telefone de seu Estado e adquira as informações que precisa. Ou Digite o Nome do Estado/Aprendiz Legal informações/

O programa APRENDIZ LEGAL existe para ajudar o jovem a encontrar o seu primeiro emprego.   Abra um site de buscas e digite:
APRENDIZ LEGAL/nome da cidade
APRENDIZ
LEGAL/nome do estado

07 EMPREGADO DOMÉSTICO

Veja aqui onde o trabalho doméstico se enquadra como empregado doméstico. Conheça seus direitos e como buscar informações sobre vagas...

É considerado trabalhador doméstico aquele maior de 18 anos que presta serviços de natureza contínua e de finalidade sem lucro à pessoa ou à família, no âmbito residencial destas. Integram –se na categoria de trabalhador/a doméstico/a os seguintes empregados: empregada doméstica, cozinheiro, governanta, babá, lavadeira, faxineiro, vigia, motorista particular, jardineiro, acompanhante de idosos, dentre outras. O caseiro também é considerado trabalhador doméstico, quando o sítio ou local onde exerce a sua atividade não possui finalidade lucrativa.

Babá, lavadeira, faxineiro, motorista particular, acompanhantes de idosos, vigia, caseiro fazem parte da categoria dos empregados domésticos

Acesse o site do Ministério do Trabalho e Emprego mte.gov.br/empregado doméstico

Acesse um site de busca e digite Empregado doméstico/vagas/São Paulo ou outra cidade.

Campo Grande/empregado doméstico Pode pesquisar também por qualquer que seja a função: Por exemplo:

Parintins/Empregado doméstico/Babá

Nome da cidade/Caseiro/Vagas

Motorista particular /Vagas e o nome da cidade.

Abra um site de busca e digite: Ministério do Trabalho e Emprego/ Estação Trabalho

Todos os sindicatos possuem um balcão de empregos ou prestador de informações sobre vagas de empregos.

Acesse o site do sindicato de seu interesse, de seu Estado. OU vá pessoalmente. Ali você será bem orientado.

Abra um site de busca e digite: Ministério do Trabalho e Emprego/ Estação Trabalho   e saiba sobre tudo sobre o Cadastro Nacional da Aprendizagem

08 EGRESSOS DO SISTEMA PENITENCIÁRIO

Encontre aqui, caminhos para sua reintegração através do emprego. **Saiba que órgãos públicos exigem a contratação de egressos pelas empresas vencedoras de licitações...**

Visando a sua reintegração social, os egressos podem ser inclusos em programas oferecidos pelas Secretaria de Relações do Trabalho SP em parceria com a Secretaria de Administração Penitenciária., através da intermediação de mão de obra e qualificação profissional. Todos os Órgãos Públicos estaduais devem exigir em seu contrato e editais de licitação de obras e serviços que a proponente vencedora contrate um número mínimo de egressos para a realização dos trabalhos.

Podem participar: egressos do sistema penitenciário, ex detentos que saíram do sistema carcerário há no máximo um ano ou estejam em liberdade condicional, liberados definitivos, os detentos que cumprem pena em regime semiaberto, anistiados, agraciados, indultados, perdoados judicialmente. Para participar, abra sites de busca e digite:

pró-egresso/são Paulo

Minas Gerais/pró-egresso

pró-egresso/emprego

vagas/pro-egresso

pró-egresso/vagas de empregos

agências de empregos/pró-egresso

sp.gov.br/pró-egresso/telefone

pró-egresso/reintegração social

Brasil/emprego para ex presidiário

youtube/emprego para egresso do sistema penitenciário

ou nos Postos de Atendimento ao Trabalhador (PAT) ou POUPATEMPO ou nas unidades da Coordenadoria de Reintegração Social e Cidadania e faça seu

cadastro.
Acesse um site de busca e digite sua cidade ou seu Estado/pró-egresso

09 FRENTE DE TRABALHO
          Veja como este programa emergencial ajuda o trabalhador a sair de uma crise de desemprego...

É um programa emergencial **que visa a qualificação profissional e renda para desempregados em situação crítica de falta de emprego. É operado por meio de atividades como: limpeza, conservação e manutenção de órgãos públicos. Trabalhadores maiores de 17 anos, desempregados há no mínimo um ano e residentes há dois anos no Estado, tem na Frente de Trabalho por até nove meses em jornadas de até seis horas diárias durante quatro dias da semana e no quinto dia, obrigatoriamente tem que frequentar um curso de qualificação profissional ou curso de alfabetização. È um programa sem vínculo empregatício. Seus participantes recebem uma bolsa-auxílio, crédito para a compra de alimentos, seguro de acidentes pessoais e auxílio deslocamento.**
Abra um site de busca e digite:
Brasil/frente de trabalho
sp.gov.br/frente de trabalho/.
Cidadão/frente de trabalho
youtube/emprego/frentes de trabalho
frente de trabalho/vagas
Amazonas/frente de trabalho
ou
nome da cidade ou estado//FRENTE DE TRABALHO

10 ESTABILIDADE NO EMPREGO
          Todos os trabalhadores estão protegidos contra a demissão sem justa causa. **Veja como funciona a estabilidade no emprego...**

É a situação de alguns empregados que adquirem o direito de permanecer no emprego mesmo contra a vontade do empregador, onde a demissão por justa causa não pode ser aplicada.
Se houver motivo justo ou por justa causa, a estabilidade perde o seu direito.
Acidente no trabalho, gravidez até cinco meses após o parto, dirigente sindical, participante da comissão interna de prevenção de acidentes (cipa), vésperas de aposentadoria, dentre outras, garante ao empregado a sua permanência no emprego.
Site de busca: ministério do trabalho e emprego/legislação

11 ESTÁGIOS
          Encontre aqui muitos sites com ofertas de estágios.
Veja a importância do estágio certo unindo a teoria e a prática...

Todo estudante do ensino médio ou universitário, tem num estágio a sua oportunidade de aliar a teoria com a prática e ver suas chances ampliadas para o

mercado de trabalho.
Alguns sites úteis encontrados no portal ESTÁGIOS/cidade de seu interesse ou
ESTÁGIOS/empresa de seu interesse.
Abra um site de buscas
Estágios em São Luiz do Maranhão ou estágio em Campina Grande PB ou
estágio em São José do Rio Preto SP ou em qualquer cidade de seu interesse ou
Exemplo: Campinas/estagio
Todo P.A.T. (posto de atendimento ao trabalhador) costuma ter um balcão de
estágios. Procure o P.A.T. mais próximo de sua casa ou entre no portal envie seu
currículo através do portal da internet, pelos Correios ou vá pessoalmente com o
currículo na mão.
www.nomedaempresa.com.br/estágio (é uma ótima tentativa)
(entre no site do Sindicato de sua área e pergunte sobre vagas de estágio nas
empresas)
NOME DA EMPRESA/ESTÁGIOS
ESTÁGIOS/NOME DA EMPRESA
ESTAGIARIO/VAGAS
Nome de seu Estado/estágios
(há milhares de empresas aceitando estagiários diariamente)

E mais,

+ESTÁGIOS
40% dos candidatos às vagas de estágios são eliminados em testes da Língua
Portuguesa: ditado de palavras, POR EXEMPLO: (essência, espontâneo,
exercício, talvez, difícil, etc.), pequenas frases completas, interpretação de
pequenos textos e, elaboração de opinião com coordenação de assuntos triviais,
têm excluídos muitos candidatos a uma vaga de estágio.
Se você tem dificuldades ortográficas, basta treinar diariamente: escreva
palavras difíceis e confira em um dicionário. Faça isto muitas vezes.
Escreva muitas frases completas, ou frases explicativas obedecendo parágrafos e
pontuação e peça para algum professor corrigir.

Cursos de Engenharia, Economia, Administração, Ciência da Computação e
Sistemas de Informação não encontram obstáculos no encaminhamento de seus
alunos às vagas de estágios nas grandes empresas.

NOVA LEI DOS ESTÁGIOS:
6 hs diárias ou 30 hs semanais; concessão de recesso ou férias remuneradas após
um ano de estágio; bolsa–auxílio; auxílio-transporte; estágio com caráter
educacional
Entre em um site de buscas e digite:
LEI DOS ESTÁGIOS ESTÁGIOS/LEGISLAÇÃO
ESTUDANTES COM DEFICIÊNCIA/ESTÁGIO/LEGISLAÇÃO
Abra os links e saiba de tudo sobre a nova Lei em vigor
IMPORTANTE
Nunca aceite estagiar em área que não seja a da sua formação acadêmica.
Aguarde um pouco mais que sua chance virá.

Nunca aceite estagiar em área que não seja a da sua formação acadêmica.
Aguarde um pouco mais que sua chance virá

Abra um site de buscas e digite:

Nomedaempresa/estágio

        estágio/nome da empresa

                curso técnico/estágio

Estudande de administração/estágio/nome da empresa

Estágio/nome da qualificação/nome da empresa

12 TRAINEE

Recém formado ou cursando o ensino superior, **é treinado e qualificado dentro da empresa para desenvolver atividades técnicas. Veja aqui alguns caminhos...**

TRAINEE é uma função dentro da empresa, destinado a jovens profissionais, treinados e capacitados para exercer cargos de liderança. Trata-se de um recurso muito utilizado para a detecção de novos talentos, permitindo ao candidato uma passagem rápida para o novo emprego.
Geralmente o trainee desenvolve participações nos projetos da empresa e participa de todas as estratégias.
Recém formado ou cursando o ensino superior, é treinado e qualificado dentro da empresa para desenvolver atividades técnicas.
Ter experiência para a área a ser exercida como trainee, aliada à vontade de trabalhar, mostrar vocação para o trabalho em grupo, conhecer o campo de atuação da empresa, disponibilizar-se para o que der e vier, são detalhes que podem ser valorizados no momento de sua contratação e também em sua avaliação de dispensa ou de efetivação.
Liderança, orientação para resultados, trabalho em equipe, fluência em inglês são pré-requisitos observados pela empresa ao contratar um trainee. Dois anos, geralmente em diversas áreas e, se multinacional, é possível uma etapa no exterior sob orientação de coach. Encontrar jovens talentos que queiram aplicar seus conhecimentos acadêmicos e desenvolver competências técnicas, em um espaço que dá oportunidades à inovação, a criatividade e ao trabalho em equipe são os objetivos de uma empresa ao abrir vagas para Trainee.

Provas em inglês, oral e escrita, dinâmicas de grupos apresentação de propostas, comprovante de escolaridade, entrevistas, quadro de qualificações, formarão o seu perfil desejável para a empresa.

Abra um site de busca e digite:
youtube/trainee TRAINEE/YOUTUBE

Digite www.nome da empresa.com.br/trainee (FAÇA ISTO COM MUITOS NOMES DE EMPRESAS) ou
EMPRESA/TRAINEE
(há milhares de empresas que abrem vagas para trainee anualmente. Envie seu currículo e aguarde sua chamada)
E mais,
Em uma seleção de candidatos a trainee, destacam-se aqueles com experiências anteriores, seja em estágios, intercâmbios, voluntariados ou especialização na área em questão e, com boa fluência em outras Línguas. E mais, pessoas empreendedoras, dinâmicas, com espirito de iniciativa e liderança e principalmente, que sonhem alto.

Abra um site de busca e digite:
Nome da empresa/TRAINEE
TRAINEE/nome da empresa
Trainee/nome da empresa/
Nome da empresa/trainee/inscrições

13 CONCURSOS PÚBLICOS

Todo Emprego Público representa a certeza da garantia de emprego. É trabalho seguro até a aposentadoria. Veja aqui muitas dicas e técnicas de estudos que poderão colocá-lo na frente dos outros candidatos...

a)Todo Emprego Público representa a certeza da garantia de emprego. É trabalho seguro até a aposentadoria. Apesar de haver Leis que condicionam a estabilidade no cargo, há um limite de gastos no orçamento do Estado. É muito raro ver um Funcionário Público demitido ou exonerado por qualquer causa.
b)Semanalmente há nas bancas de revistas, jornais especializados em Concursos Públicos. Trazem informações dos Concursos do Brasil inteiro. Informe-se.
c)Há sites de busca na Internet, onde você clica Concursos Públicos e terás em suas mãos, todos os concursos atualizados, a níveis municipais, estaduais ou federal.
d)Ao inscrever-se para um Concurso Público, saiba que a concorrência é grande. Você deve adquirir no mínimo dois jogos de apostilas de autores diferentes e, estudar, estudar, estudar, como se fosse para uma guerra e , voltar vivo é ser aprovado e classificado para uma vaga.
e)Para todo Concurso Público, é divulgado um edital onde explica todos os detalhes do Cargo. É' recomendável, observar bem o edital e refletir sobre as vantagens e desvantagens. Recomenda-se também anotar a bibliografia e ir à procura dos livros indicados. Procure-os nas bibliotecas públicas e, estude. Vale a pena ser Funcionário Público.
f)Muitos Concursos Públicos são estereotipados por rótulos não animadores: vagas de encomendas, maracutaias, porém, na maioria das vezes isto é apenas conversa de quem não foi aprovado.
g)Existem Concursos Públicos para todo tipo de escolaridade: 1o Grau, 2o Grau, Universitário. Tente sempre o da sua escolaridade atual para não se arrepender depois. Preste um, dois, três e, tantos quantos aparecerem.
Prepare-se bem para todos, que chegará a sua hora de tomar posse de um cargo.

Tenha sempre confiança em si próprio.

h)Há um palpite rotulado pelos veteranos em concurso público: Tente um, tente outro, e mais outro e, vá prestando. A partir de um certo momento, você começará a ser aprovado em todos.

Abra um site de busca e pesquise centenas de concursos públicos abertos o ano inteiro.

Site de buscas /CONCURSO PUBLICO Neste portal há muitos sites de concursos públicos.

ou digite: uma cidade preferida/concurso público

ou estado preferido/concursos públicos

ou site de busca/concursos públicos ou

CONCURSOS PUBLICOS 20... (no ano de seu interesse)

E OUTROS

Nunca se esqueça:

Ser aprovado em um concurso público é uma grande conquista. Você "brigará" com centenas de concorrentes por cada vaga. Então só lhe resta estudar.

Uma ótima opção de estudos é você pesquisar em concursos anteriores na linhagem de cada aplicante: Unesp, Ceesp, Vunesp, Unb, Unfrj e outros. Cada uma com seu estilo. (Abra estes sites com provas anteriores e veja o estilo de cada uma concursos delas) Por exemplo: www.unesp/ ceesp/concursos vunesp/concursos ou concursos públicos

(veja algumas dicas)

LINGUA PORTUGUESA: redação e interpretação de textos são itens básicos para todos os concursos .Em Redação, o candidato é avaliado pela sua capacidade de organização e expressão.

Nunca fuja do tema. Escreva do seu jeito. Corrija, Revise, volte a escrever, volte a revisar, tudo dentro de um tempo curto.

Mantenha sempre o tempo verbal: no passado, no presente ou no futuro; na 1ª, 2ª ou 3ª pessoa do singular ou do plural; na voz ativa ou voz passiva, seja sempre coerente e faça a revisão constantemente. Sem revisão, sua chance será mínima.

Na Interpretação de Textos, leia sempre inteiramente o texto, uma, duas ou três vezes, devagar atentamente, observe o tempo verbal, a pessoa do verbo, a voz ativa ou passiva, e principalmente o que pede cada uma das questões. Leia duas ou três vezes cada questão antes de respondê-la. Treine em casa, a interpretação de diversos tipos de textos: revistas, jornais, internet, há um infinito de opções. E, nunca se distraia em uma leitura. Ler bem é ler do início ao fim do texto. Quem não faz isto, não sabe ler. Quase sempre todo o texto está exposto dentro de uma das alternativas de resposta. Nunca fragmente o texto em sua primeira leitura. É aí que mora o perigo. Estudar textos aplicados em provas anteriores é uma boa pratica para treinar para um concurso público. Concentre sua atenção no título e no tema do texto e enxergue-os em cada frase.

MATEMÁTICA, você deverá solucionar muitos problemas e, cada problema envolverá uma interpretação de texto envolvendo operações entre conjuntos ou elementos entre si. Saber bem as quatro operações com números inteiros, fracionários e decimais; dominar as medidas de comprimento, massa e capacidade; medidas de superfície e de volume com suas conversões e aplicações; a decomposição dos sólidos geométricos; razão e proporção, porcentagem, juros compostos, regras de três compostas e, principalmente treine muito a aplicação da operação inversa onde, partindo da resposta, usando raciocínio lógico, você poderá ganhar muito tempo. Um ótimo livro para estudar Matemática, é encontrado no 5º ano da escola primaria (antigas 4as series).

INFORMÁTICA, procure concursos de provas anteriores, inclusive de outras áreas, e estude por ali. Dominar o vocabulário básico de informática é fundamental. Domine as funções das teclas de atalho pois caem nas questões. Estude-as. Navegação e protocolo, ataques e defesas antivírus, os tutoriais e a teclas de ajuda, são primordiais para os concursos. Alguns itens exigidos nos editais de concursos, na área de informática:

MS-Windows 7: conceito de pastas, diretórios, arquivos e atalhos, área de trabalho, área de transferência, manipulação de arquivos e pastas, uso dos menus, programas e aplicativos, interação com o conjunto de aplicativos MS-Office 2010. MS-Word 2010: estrutura básica dos documentos, edição e formatação de textos, cabeçalhos, parágrafos, fontes, colunas, marcadores simbólicos e numéricos, tabelas, impressão, controle de quebras e numeração de páginas, legendas, índices,
inserção de objetos, campos predefinidos, caixas de texto.

MS-Excel 2010: estrutura básica das planilhas, conceitos de células, linhas, colunas, pastas e gráficos, elaboração de tabelas e gráficos, uso de fórmulas, funções e macros, impressão, inserção de objetos campos predefinidos, controle de quebras e numeração de páginas, obtenção de dados externos, classificação de dados.

MS-PowerPoint 2010: estrutura básica das apresentações, conceitos de slides, anotações, régua, guias, cabeçalhos e rodapés, noções de edição e formatação de apresentações, inserção de objetos, numeração de páginas, botões de ação, animação e transição entre slides. Correio Eletrônico: uso de correio eletrônico, preparo e envio de mensagens, anexação de arquivos. Internet: Navegação Internet, conceitos de URL, links, sites, busca e impressão de páginas.
(conteúdo de concursos)

LEGISLAÇÃO: Ao estudar sobre Leis, a C.L.T. e o estatuto do funcionalismo público, dominarão as principais questões. A melhor opção é você adquirir uma apostila específica para o seu concurso, pois os termos jurídicos são difíceis de serem interpretados e ainda, você não correrá o risco de estudar artigos revogados ou desatualizados.

Em ATUALIDADES, é útil você ir montando em um caderno, as atualidades de cada momento.

Personagens que protagonizam o cotidiano, política, finanças, manchetes, anseios, movimentos da população, descobertas científicas, enfim, o que você ler ou ver, escreva em seu caderno de atualizações pois poderá lhe ser útil.

DIGITE o nome de sua CIDADE/CONCURSO PUBLICO e verifique se a Prefeitura da mesma não está com algum Concurso com inscrições abertas.
DICA:
Na maioria dos sites de concurso público, há dezenas de dicas, tais como:
Provas anteriores – cursos – apostilas – professores – concursos previstos – editais – como estudar – links – blogs – vagas – empresas organizadoras de concursos com seus sites – dicas de especialistas em concursos – palestras – simulados – cursos on-line – cursos presenciais – notícias – carreiras – nível acadêmico – concursos abertos – metodologia das empresas aplicantes – salários – bancas examinadoras – correção de provas – estratégias – coaching – rendimento nos estudos – planejamento – testes – absorção – e mais...
Vale a pena abrir sites de concursos e tirar proveito das dicas.

0 800 DISCAGEM DIRETA GRATUÍTA (ligue e peça informações sobre empregos e endereço de e-mail para o envio de currículos) Toda grande empresa tem em seu site o link TRABALHE CONOSCO

O TELEFONE 0800 É DE DISCAGEM GRATUITA PARA QUEM LIGA. PEÇA INFORMAÇÕES DETALHADAS SOBRE VAGAS DE EMPREGO.   O ENDEREÇO DE E-MAIL DO SETOR DE R.H. PARA QUE VOCÊ POSSA ENVIAR O SEU CURRÍCULO.
Abra um site de busca e digite:

SITE DE BUSCA/100 MAIORES EMPRESAS DO BRASIL
Site de busca/maiores empresas do Brasil
Site de busca/200 maiores empresas do Brasil
Anote endereços, telefones 0800, e-mails, segmento de cada empresa.
Entre no link: trabalhe conosco de cada uma das empresas e envie seu currículo ou, colha endereços de e-mails, do RH e também o telefone 0800 que quase todas as empresas dispõe aos clientes. Ligue gratuitamente e pergunte sobre endereços de e-mail, RH, abertura de vagas de empregos, estágios, trainee.

15 O QUE O MERCADO DE TRABALHO QUER

Para cada tipo de trabalho, há um perfil diferenciado exigido. São os requisitos desejáveis. Veja onde você se enquadra...

Requisitos desejáveis: (dependendo do tipo de trabalho)
a)Maior de 18 anos , já liberado do Serviço Militar;
b)2o Grau concluído com Curso Técnico ou já cursando uma Universidade;
c)Ter excelente dicção;
d)Ter ótima fluência verbal;
e)Ter bom poder de persuasão;
f)Ser simpático;
g)Possuir conhecimento básico do ramo operacional da empresa;
h)Que aprenda tudo com rapidez e facilidade;
i)Que possua talento para trabalhar em grupo;
j)Que possua versatilidade funcional;
k)Que esteja em constante aquisição de conhecimentos;
l)Que possua domínio de linguagens técnicas;
m)Que seja criativo e tenha iniciativa;
n)Que tenha facilidade de lidar com pessoas;
o)Que tenha visão de conjunto e não se disperse;
p)Que seja visto pela Empresa como um potencial promissor.
q)Que seja completo, multifuncional, flexível e esteja sempre pronto para ampliar conhecimentos visando o bem de uma empresa cada vez mais exigente e competitiva.
r)Que domine e esteja atento ao surgimento de novas tecnologias.
s)Que seja cúmplice, parceiro e esteja comprometido com os objetivos da

Empresa. t)Que tenha facilidade em compartilhar insights e feedbacks positivos. u)Aquele que esteja sempre atento às medidas de segurança no trabalho, v)Aquele que demonstra alegria ou felicidade em seu emprego. w)Aquele que saiba valorizar suas conquistas ou produtividades bem sucedidas. x)Aquele que aceita e insira-se nas inovações do mercado. y)Aquele que crê na qualidade daquilo que a empresa produz.
z)Aquele que, mesmo na função mais humilde dentro da empresa, sinta-se empodeirado.

16 O QUE O MERCADO DE TRABALHO REJEITA

Veja aqui os requisitos indesejáveis rejeitados por todas as empresas. Veja onde você se situa e elimine-os.

a)Pessoa imatura, insegura e excessivamente dependente;
b)Pessoa que não tenha vocação para trabalhar em grupo;
c)Quem não tenha visão de conjunto;
d)Quem seja superficial ou cheio de justificativas;
e)Quem esteja sempre disperso dos objetivos da empresa;
f)Empregado que não vista a camisa da empresa;
g)Quem nunca esteja contente com os regulamentos da empresa;
h)Quem seja lenta e possua dificuldades em aprender;
i)Quem não se recicla ou adquira conhecimentos constantemente;
j)Quem possua cultura geral deficitária;
k)Quem tenha dificuldades de lidar com pessoas;
l)Sem iniciativa ou pouca criatividade;
m)Quem não se enquadre dentro dos padrões normais;
n)Quem não acompanhe a evolução dos objetivos da empresa;
o)Quem seja apático ou indiferente aos objetivos de seu grupo;
p)Quem não seja pontual;
q)Quem seja preguiçosa.
p)Quem não sabe guardar sigilo sobre os atos técnicos e operacionais da Empresa. q)Se você já foi microempresário, poderá haver algum tipo de restrição ou precaução sobre sua adaptação a um regime trabalhista severo de horários e metas a cumprir.
 r)aquele que não consegue enxergar o alvo final da empresa;
s)Quem não seja flexível a adaptação constante, aos destinos da empresa; t)Quem esteja estagnado em suas reciclagens profissionais;
 u)Quem tenha dificuldade com o trabalho em equipe;
v)quem tenha dificuldade em discutir com seu chefe sobre a melhoria da produção; w)aquele que sabe gerenciar a sua produtividade na empresa;
 x)Aquele que via Home Office não consiga produzir conforme a necessidade da empresa; y)Aquele cujo comportamento profissional não esteja de acordo com os padrões da z)Aquele que mostra desinteresse em participar de reuniões ou palestras promovidas pela empresa.

Veja aqui muitos caminhos que você deve seguir **em sua busca por um emprego...**

a)Selecione as melhores empresas de sua cidade e envie seu Currículo ou seu pedido de emprego, pessoalmente, por fax, Correio ou via Internet ou pessoalmente.

b)Dirija-se a um Posto Telefônico e consulte as páginas amarelas das listas telefônicas. Copie endereços de empresas e de agências de empregos. Identifique nas listas telefônicas ou em uma agência dos Correios os códigos postais dos endereços coletados e, por carta, envie o seu Currículo a tantas quantas empresas você puder. Abra um SITE DE BUSCA e digite o nome da empresa. Ali você encontrará telefone, endereço e e-mail Abra o link da empresa "fale conosco" e até mesmo o link "trabalhe conosco".

c)Mesmo sem experiência anterior ou oferta de vagas, envie seu Currículo.

d)O emprego temporário é regulamentado por Lei. Procure uma Agência de Trabalho Temporário e cadastre-se O emprego temporário pode ser a porta de entrada para o trabalho efetivo. Tudo dependerá de sua produtividade e do momento da empresa.

e)Semanalmente são divulgados nos jornais, centenas de ofertas de vagas. Leve a sério e contate as empresas.

f)Nunca desanime. Seu maior obstáculo é o seu desemprego. O Brasil inteiro precisa de você. O Brasil inteiro espera pelo seu pedido de emprego.

g)Envie seu Currículo para muitas, muitas empresas. Quanto mais currículos você enviar, mais rápidas serão suas chances de arranjar emprego.

h)Todo Político em bom mandato, providencia e incentiva a criação de MUITAS VAGAS de emprego anualmente, desde as de trabalhador braçal às de nível universitário. COBRE ISSO.

i)Construa uma rede de relacionamentos entre você e seus amigos. Quanto mais pessoas, melhor. Discuta sobre o mercado de trabalho e suas exigências. Exponha-se. Converse sobre vagas de empregos. Indique e peça indicações.

j)Se em tua cidade está difícil conseguir emprego, tente na cidade vizinha e em outras e em mais outras e vá mais além. Há neste livro, nomes de cidades boas de emprego. k) Vivência internacional, vivência em empresas juniores, fluência em outros idiomas e atuação em startups são experiências que poderão ser consideradas diferenciais na hora da contratação.

l) Demonstrando suas interações com as empresas na qual trabalha ou trabalhou, somente enriquecem e fortalecem sua presença diante de um novo emprego. m) Na procura por um emprego, o interesse da Empresa por sua qualificação quase sempre é muito maior do que o seu interesse em trabalhar nesta empresa. Tudo depende das qualificações de ambas as partes. Portanto, para verificar as qualificações da empresa de seu interesse, verifique se o perfil dela está de acordo com o seu interesse: as responsabilidades do dia a dia, como será sua vida pessoal nesta função, quais os benefícios oferecidos pela empresa e suas chances de evolução na carreira.

n) Perfis de candidatos a emprego, podem ser selecionados via chat montado pela empresa , onde a interação com o RH por ser imediata, antecipa expectativas. Dinâmicas de grupos, testes de produtividade, tensões, entrevistas, estímulos à versatilidade de sua qualificação, podem fazer parte.

Vá digitando nomes de cidades/emprego ou cidade/sua profissão.
Faça isto em todas as cidades de seu interesse, até que um emprego surgirá.
Confie nisto.   abra o You tube e estude dezenas de outros modelos.
                                        Abra um site de buscas e digite:
                                                                        You
tube/entrevistas de emprego

You tube/emprego/entrevistas

Prepare uma lista com todas as empresas em que você gostaria de trabalhar; prepare para cada uma delas, um currículo diferente, de acordo com o perfil da empresa.

18 RAMOS DE ATIVIDADES

Escolha a sua profissão. Desenvolva uma qualificação, trabalhando nela. Escolha a que mais lhe agrada e vá à luta. Há um emprego te esperando. Entre neste   ótimo site:
 https://www.mundosenai.com.br/profissoes/

ALIMENTOS: açougues, frigoríficos, peixarias, feiras livres, supermercados, padarias, leiterias, casas de frios, laticínios, docerias, casa de carnes, buffets, bombonieres, congelados, conservas, quitandas, sacolões, sorveterias, pizzarias, lanchonetes, restaurantes, rotisseries, produtos dietéticos, produtos lights, pronta entrega, entregas a domicílio, choperias, confeitarias, comidas prontas, , etc.
VEÍCULOS: concessionárias, agências de automóveis, revendedoras, garagem, estacionamento, oficinas, transportadoras, frota, empresa de ônibus, auto elétricas, autopeças, funilaria e pintura, acessórios, ferro-velho, compra e venda, corretagens, reformas, postos de combustíveis, borracharia, guinchos, socorro 24 horas, carrocerias, cargas, alinhamentos, trucks, carretas, etc.
CASA: compra e venda, imobiliária, decoração, cortinas, eletricidade e hidráulica, consertos, reformas e construção, banheiros, banheiras, box, armários embutidos, entalhes, cozinhas, cozinha inteligente, portões, grades, janelas, salas, quartos, edículas, vidros e vidraças, móveis, eletro domésticos, escritório, quarto de bebê, persianas, cortinas, lustres e luminárias, mármores, pisos, azulejos, quintal, piscina, ornamentos, jardins, pomares, artes, arquitetura, artesanato, quadros e pinturas, objetos de arte, esculturas, tapetes, carpetes, piso, churrasqueiras, lareiras, lavanderia, papel de parede, aquários coifas, cofres, portaria eletrônica, circuito interno de TV, interfones, sistema de segurança, telefonia, tapeçarias, estofados, calhas, sifões, ar condicionado, ventilação, vasos .etc.
PRESTAÇÃO DE SERVIÇOS: corretor de imóveis, de seguros, de veículos, de títulos, de capitais, de planos; pedreiro, encanador, pintor, eletricista, feirante, diarista, carregador, chapa, vendedor ambulante, garçom de lanchonete; professor de artes, música, danças; bilheteiro, cobrador, guia turístico, agenciador de viagens, marceneiro, carpinteiro, artista, cantor, ator, assistência técnica, barbeiro, cabeleireiro, pedicure, manicure, costureiro, alfaiate, cozinheiro, garçom de buffet, moto-taxista, motoboy, segurança, propagandista, massagista, esteticista, etc.

COMÉRCIO: supermercado, bazar, farmácia, loja de roupas loja de produtos de informática, ótica, relojoaria, loja de móveis e eletro e, centenas de outras atividades, e também: Serviços em internet – festas e eventos – construção civil – feiras de alimentos – motoboy – manobrista – fabricante de móveis, fabricante de esquadrias, - alimentação – lazer – veículos -ferragens – calçados – bolsas – roupas – vestuários - perfumes - couro – móveis – combustíveis – transportes – turismo – educação - Lavanderias – escola – farmácia – serviços de e-commerce – serviços de traduções – serviços com idosos –   Abra um site de buscas e digite: ramos de atividades   ou   prestação de serviços ou   nome da atividade/cidade ou nome da atividade/nome da profissão/cidade

Abra um site de busca e digite

           nome da profissão/emprego/cidade
Petrópolis/secretária bilíngue prensista/Uberlândia
Ilhéus/químico Porto Seguro/salva-vidas e outras   Emprego/profissão/cidade

Para conhecer cada profissão ou saber o que faz, abra um site de buscas e digite: nome da profissão/o que faz   nome da profissão/formação

Abra um site de buscas e digite: profissões do futuro   ou   profissionais mais procurados   ou profissões atuais   ou tecnologia do futuro

Abra um site de buscas e digite:
          guia das profissões
                  profissões   guia do estudante
                        manual
das profissões
       guia das ocupações (cbo) classificação brasileira das
ocupações

          O Brasil, desde a entrada no 3º milênio, tem se mostrado como um dos países emergentes mais promissores no campo das ofertas diferenciadas de trabalho. Em todos os lugares por onde você passa há alguém trabalhando. Veja aqui muitas dicas…
    Seja na agricultura do setor da cana-de-açúcar, matéria prima da indústria do álcool que promete ser a fonte de energia mais procurada, num futuro próximo, como também na mineração; no domínio e manejo de máquinas operatrizes; no setor de vendas; na metalurgia; na administração em geral, no setor de manutenção ou desenvolvimento de projetos, na construção civil, na indústria naval, no comércio em geral, no setor hospitalar, no turismo e lazer, no setor de eventos, nas corretagens em geral, no setor do ensino e aprendizagem, na indústria e comércio gráfico, na publicidade, no setor farmacêutico e químico em geral, nas feiras, nos serviços públicos, no setor esportivo. Esteja você onde estiver, sempre haverá alguém trabalhando. Tenha você 16, 30, 45 ou 65 anos, a concorrência somente será combatida com a sua agressividade, qualificação e vontade de trabalhar. Tabus e mitos sobre a vida do desempregado após os 40

anos sempre existiram. Leis que protegem o trabalhador com deficiência física nos mostram que as Leis têm força. Leis que protejam o trabalhador com mais de 40 anos também serão aprimoradas. Ao novato, falta de qualificação é a assombração; ao idoso, a idade acima da média assusta.

Porém, o mercado de trabalho necessita de todos. Força, experiência, ousadia, agressividade, aprimoramento, coragem, fazem o mercado de trabalho. Em todo o mercado de trabalho, em qualquer parte do mundo, técnicos em qualquer área ou qualquer especialização, têm emprego garantido. Mecânicos, motoristas, manobristas de máquinas pesadas, operadores de tudo aquilo que usamos em nosso dia-a-dia, em nossas compras de bens e serviços.

Escolher o tipo de Trabalho ou local de trabalho para exercermos nossas atividades

profissionais faz parte de nossas liberdades.

Engenheiros, especialistas em tecnologia da informação, engrossam a lista dos mais procurados.

O MERCADO DE TRABALHO nada mais é que trabalharmos seguindo vocações, inclinações, escolaridade e, podemos fazer sucesso ou não. Seguimos as ofertas de empregos que forem surgindo e, independente de ser ou não ser aquilo que almejávamos, também, podemos nos dar bem ou não. Entramos num ramo de atividades totalmente estranho e, em pouco tempo, somos especialistas no assunto. Isto é comum. Detestamos pensar em alguma profissão e, dada a necessidade, estamos nela e, passamos a adorá-la. Isto também é comum.

20 TABELA GERAL DE SALÁRIOS DO MERCADO DE TRABALHO

Veja nesta tabela e escolha uma profissão bem remunerada...

abra um SITE DE BUSCAS e digite

"tabela de salários/profissão desejada"
Nome da profissão/média salarial
Site de busca/tabela salarial Por exemplo:
Açougueiro/média salarial
Motorista de carreta/média salarial
Classificação brasileira das ocupações/salários
Salario Mínimo no Brasil 2021 R$ 1.100,00 (janeiro= US$ 5,19)   U$211 mensais   Salário Mínimo necessário ao Brasil/ Janeiro 2021 segundo o Dieese: R$5.400,00 (+-)

Salário Mínimo americano em 2021 US$15   a hora.

Para cada categoria profissional existe uma base salarial estabelecida por um órgão do Ministério da Economia (Secretaria da Previdência e Trabalho) chamado CAGED (cadastro geral de empregados e desempregados)

 http://trabalho.gov.br/trabalhador-caged
                        Para cada categoria profissional são praticados três

situações salariais: **PISO SALARIAL – é
calculado pela média de acordos, convenções ou dissídios coletivos negociados
pelos sindicatos de cada categoria.**
                **MÉDIA SALARIAL -   Salário médio de todas as
profissões informados ao Caged pelas empresas TETO SALARIAL - I
informações prestadas pelas empresas junto ao Caged sobre os maiores salários
pagos a cada cargo.**
                **SALÁRIO-HORA – de acordo com a média da jornada de trabalho
é calculado o valor do salário por hora trabalhada.**

Entre em um site de buscas e digite:
                piso salarial/nome da profissão
                                **média salarial/nome da
profissão**
        teto salarial/nome da profissão
                        nome da profissão/salário-hora
                                **tabela geral dos
salários**

                        **consulte os portais: guia das profissões guia de
carreiras...**

**(consulte o portal abaixo)
site de busca/ocupações site de busca/classificação brasileira das ocupações/cbo
https://www.mundosenai.com.br/profissoes/
MINISTERIO DO TRABALHO E EMPREGO CLASSIFICAÇÃO
BRASILEIRA DAS OCUPAÇÕES C.B.O. e veja o sumário de todas as
ocupações brasileiras.**

**açougueiro-acompanhante–ajudante de manutenção artista-atendente-ator/atriz-
acumputurista-adestrador de animais-administrador de empresas-administrador
de fazendas-advogado-aeromoça-aeronauta-afiador-agente de viagens-agente
funerário-agricultor-agrimensor-agrônomo-alergologista-alfaiate- -almoxarife-
ambulante-amolador-analista de mercado-analista de sistema-anestesista-
antropólogo-apicultor-apontador-árbitro-armeiro-arqueólogo-arquiteto-
arquivista-arrumadeira-artesão-artista-ascensorista-assessor-assistente social-
astrólogo-astrônomo-atendente-atleta-ator-advogado-advogado júnior-advogado
pleno-ajudante de cozinha-analista de importação/exportação-analista de
laboratório-analista de rede-analista de sistemas júnior-analista de sistemas
pleno-assistente de tesouraria-auxiliar de almoxarifado-auxiliar de compras-
auxiliar de contabilidade-auxiliar de expedição-auxiliar de pessoal-auxiliar
financeiro auditor-avalista-aviador-avicultor-azulejista – babá-bailarina-
balconista-bancário-barbeiro-barman- baterista-bibliotecário-biólogo-
bioquímico-bombeiro- borracheiro-boxeador- – cabeleireiro-caça talentos-caixa-
caldeireiro cambista-camelô-caminhoneiro-cantor- comprador técnico júnior-
comprador técnico pleno-comprador técnico sênior confeiteiro-cozinheiro- -
dançarina-datilógrafo-decorador-dedetizadora-degustador- delegado-dentista-**

desenhista-designer- despachante-diagramador-diarista-digitador-diplomata-
diretor-dj-domador-dublê-economista-editor-eletricista-embaixador-
embalsamador-empacotador-empresário-encanador-enfermeiro-engenheiro-
engraxate-entalhador-escritor-escriturário-escrivão-escultor-espeologista-
estampador-estatístico-esteticista-estilista-estofador-estoquista- farmacêutico-
faturista-faxineiro-feirante-ferramenteiro-ferreiro-ferroviário-figurante-filósofo-
fiscal-físico-fisioculturista-fisicultor-fisioterapeuta-flautista-florista-foraneiro-
frentista-fresador-fundidor-funileiro- -garçom- garçonete- gari-garimpeiro-
geofísico-geógrafo-geólogo-gerente de sistemas-gerente de engenharia-gerente de
logística-gerente de produção-gerente de vendas e marketing-gerente industrial-
gerente de informática-gerente de produto-gerente de recursos humanos-gerente
de controladoria-gerente de desenv/ de produtos-gerente de engenharia-gerente
de importação/exportação-gerente de manutenção-gerente de qualidade-gerente
nacional de vendas-gerente financeiro-gerente jurídico gerente de marketing- -
lixeiro- ginasta-gourmet-governanta-grafologista-gravurista-guarda-guardador-
guia-guincheiro-guitarrista- impressor-inspetor-instalador- instrumentador
instrumentista- instrutor-intérprete-investigador- – jangadeiro- jardineiro-
jogador-jóquei-jornaleiro-jornalista-juiz de direito-juiz- -laboratorista-lancheiro-
lanterneiro-lavador-leiloeiro-leiteiro-lenhador-letrista-líder-limpador- locutor-
lubrificador-lutador- -maestro-mágico-maitre-malabarista-manicure-
manobrista-maquiador-maquinista-marinheiro-marketeiro-massagista-
matemático-mecânico-médico-mensageiro-mergulhador-mestre de obras-mestre-
metalúrgico-meteorologista-militar-ministro-modelista-modelo-moldador-
moleiro-montador-motorista—motorista-de-autoescola – motorista de caminhão-
motorista de diretoria-moto-taxista-museólogo-músico-nadador-naturólogo´-
navegador-numerólogo-nutricionista- -oceanógrafo- odontologista- office boy-
oficial de justiça- oficial- ombudsman-operador de telemarketing-orçamentista-
oculista- orientador- paginador-paisagista panfleteiro- -papiloscopista -
paraquedista-parteira-passador- ourives- – padeiro-pastilheiro-patinador-peão-
pecuarista-pedagogo-pedicure-pedreiro-peixeiro- perfumista-perito- personal
trainneer-pescador-pesquisador- -piloto-pintor–pintor de manutenção-pintor de
produção pizzaiolo- podólogo- policial- porteiro-portuário-prático-prefeito-
prensista- -procurador-produtor-professor-programador- projetista- promotor- -
político-psicólogo-psicopedagogo-psiquiatra-publicitário- -químico- quitandeiro-
-radialista-radiologista-radio operador- rebarbador- recepcionista- redator-
regente-relações pública-repórter-repositor- revendedor-roteirista—sacoleira-
salgadeira-salva-vidas-sapateiro- saxofonista-secretária- secretária bilingüe-
secretária júnior-segurança-selecionador- seringueiro-serralheiro-servente-
síndico -soldado-soldador-
supervisor- -taifeiro-tapeceiro- -taxista- tecelã-técnico em geral–técnico em
edificações-técnico em eletrônica-técnico químico telefonista-telegrafista –
teólogo-tesoureiro-topógrafo-torneiro-tradutor- -vendedor técnico veterinário-
vigilante—zelador-zootecnista e mais ...   administrador de empresas –
administração de cidades- agricultor – aviador – contador – – gastrônomo –
gerente comercial – gerente de R.H. – segurança do trabalho – hoteleiro – técnico
em logística – gerente de marketing – corretor imobiliário – corretor de seguros-
corretor de vendas de veículos – gerente geral – técnico em turismo – guia de
turismo – desenhista artístico – desenhista industrial – desenhista projetista –
desenhista de quadrinhos – desenhista caricaturista- desenhista de desenho
animado – arquiteto – urbanista – designer gráfico – dedetizador – diarista

doméstico – diarista braçal – chapa -dentista – dama de companhia – dançarinos – projetistas de games – desenho de interiores – estilista – desenhista de modas – fotógrafo – historiador- músico – cantor – instrumentista musical – ator de teatro – artista de circo – ecologista – bio-tecnólogo – técnico em combustíveis – oceanógrafo – meteorologista – veterinário – oceanógrafo – gestor ambiental – produtor de bebidas – geologista – zoologista – técnico alcooleiro - analista de sistemas – astrônomo – analista de banco de dados – analista em T.I. – estatístico – físico – matemático – nanotecnólogo – químico industrial – químico de alimentos – analista químico – técnico em internet – técnico em e-commerce - arqueólogo – analista de cooperativas – advogado – filósofo -geógrafo – historiador – técnico em cooperativas – letrista – pintor de letreiros – técnico em caligrafia – especialista em libras – pedagogo – psicopedagogo – museólogo – especialista em comércio exterior – assistente social – tradutor- teólogo – analista em relações internacionais – intérprete – arquivista – bibliotecário -designer visual – especialista em eventos- analista em mídia – produtor editorial – publicitário – propagandista – radialista – secretario executivo – relações públicas – produtor de tv – cinegrafista – pedreiro – agrimensor – especialista em automação industrial – construtor civil – eletrotécnico – especialista em energias renováveis – engenheiro especialista em – operário – mecânico – frentista – especialista em irrigação – especialista em drenagem – especialista em poços artesianos – mineiro – técnico em papel e celulose – técnico em produção têxtil – especialista em embarcações – enfermeiro – médico – fisioterapeuta – farmacêutico – fonoaudiólogo – naturólogo – nutricionista ´- técnico em óculos – técnico em radiologia – dentista

Abra um site de busca e digite
       nome da profissão/emprego/cidade
Petrópolis/secretária bilíngue prensista/Uberlândia
Ilhéus/químico Porto Seguro/salva-vidas e outras
        Emprego/profissão/cidade

Para conhecer cada profissão ou saber o que faz, abra um site de buscas e digite:
     nome da profissão/o que faz nome da profissão/formação   profissões do futuro ou
  profissionais mais procurados ou
      profissões atuais ou
        tecnologia do futuro

22 O TRABALHO AUTÔNOMO

    Trabalhar como autônomo enquanto aguarda um bom emprego, tem sido a grande saída para a maioria das pessoas. E muitas se dão muito bem. Veja aqui muitos caminhos que você pode seguir...

a)Trabalhar como autônomo enquanto aguarda um bom emprego, tem sido a grande saída para a maioria das pessoas. E muitas se dão muito bem.
Vejamos: é comum nas cidades de porte médio, como por exemplo, São José do Rio Preto, Bauru, Londrina, etc., nos bairros de classe popular, vermos afixados

nos portões das residências, placas oferecendo-se serviços ou encomendas: salgadinhos, costuras, reformas, pizzas, aulas, maquiagem, cabelo, hot-dogs, batatas-recheadas, doces caseiros, geladinhos, caldo-de-cana, congelados, engraxate de sapatos enfim, de tudo o que precisamos em nosso dia-a-dia, sempre com um número de telefone anexo. Será que funciona bem? Ligue para um desses números e confirme. Para você iniciar-se num desses serviços, está faltando o quê? Procure a Prefeitura e informe-se sobre licenças e taxas que devam ser recolhidas e, comece já. Aumente a sua renda familiar, porém, leve em conta isto: ser autônomo é assumir todos os riscos.

b)O trabalho autônomo está regulamentado em Lei Trabalhista, de nossa Constituição. Em qualquer que seja o ramo de atividade autônoma, você deve registrar-se e cumprir com todas as obrigações Legais. Procure o Sebrae ou um Escritório de Contabilidade e informe-se, pois existem profissões regulamentadas e profissões de autônomos não regulamentadas.

Todo trabalhador autônomo possui grandes facilidades em arrumar trabalho, devido à sua condição de ser seu próprio responsável.

Você, autônomo, tem disponibilidade para viagens? Procure já uma Agência de Empregos e, saia dali como Vendedor Pracista.

Quer ter sua própria representação comercial? Você poderá representar muitas empresas.

Uma das primeiras condições é que sejas autônomo e custeie seus projetos de vendas e de distribuição de serviços. O Sebrae lhe dará todos os passos..

c)Quer trabalhar como "freelancer" (trabalhador avulso) em hotéis, restaurantes, feiras e eventos, corretoras, imobiliárias? Para autônomos há sempre portas abertas.) Todo autônomo deve contribuir individualmente para a Previdência Social e assim, ter acesso a todos os benefícios ofertados pelo INSS, tais como: auxílio doença, auxílio reclusão, salário maternidade, pensão por morte, e todo tipo de aposentadoria, seja por idade, por tempo de contribuição, por invalidez ou outras.

d) É obrigação de todo autônomo, ao prestar um trabalho de grande monta, firmar um contrato de prestação de serviços, estipulando prazos, preços e formas de pagamentos com assinatura de ambas as partes.

e)listagem de algumas profissões autônomas:

administrador de empresas, agente de turismo, agente funerário, alfaiate, amestrador, analista clínico, analista de sistemas, animador, assessor jurídico, assistente social, barbeiro, borracheiro, cabeleireiro, calista, carregador, carreteiro, chaveiro, cobrador, colocador de cortinas, confeiteiro, consultor, copiador, corretor de imóveis, de planos de saúde, de seguros, costureiro, cozinheiro, datilógrafo, decorador, dedetizador, depilador, desenhista, despachante, detetive, digitador, divulgador, doceiro, dublador, editor, eletricista, encadernador, estenógrafo, esteticista, ferramenteiro, fotógrafo, funileiro, garçom, gráfico, guardador de veículos, guia de turismo, ilustrador, instalador de aparelhos, instrutor de autoescola, interprete, jardineiro, jornalista, leiloeiro, letrista, limpador, locutor, lustrador, manicuro e pedicuro, marceneiro, massagista, mecânico, mensageiro, modelador, modista, montador, motorista, músico, operador de computador, paisagista, pedagogo, perito, pesquisador, pintor, pipoqueiro, podólogo, polidor, professor, programador, promotor de eventos, promotor de vendas, publicitário, químico, relações públicas, relojoeiro, reparador, representante comercial, salva-vidas, sapateiro,, secretária, serigrafista, soldador, sonoplasta, tapeceiro, taxidermista, técnico, tintureiro, topógrafo, torneiro mecânico, tradutor, transportador, tratador de animais, vendedor, verdureiro, vigilante, zelador, e ainda, outras profissões poderão vir a ser regulamentada.

"Com a moderna globalização da economia, as relações de trabalho tendem a adaptarem-se aos modelos utilizados pelo mercado internacional e, mudanças radicais no sistema brasileiro tenderá a ocorrer. A nova Lei Trabalhista acolherá a terceirização de prestação de serviços a qual favorecerá aos autônomos prestadores de serviço e num futuro não muito distante, poderá vir a provocar uma explosão nas contratações de terceirizados em detrimento às contratações via CLT como são feitas hoje". E, todo autônomo poderá montar sua rede de prestação de serviços à terceirização, contatando especialistas de todas as áreas (exemplos acima citados), coletando e-mails, telefones, formando assim uma rede à disposição imediata para todos os setores. Em sendo assim, somente os autônomos terão oportunidades de trabalho?

Abra um site de busca e digite: publicitário/emprego/nome da cidade Representante comercial/emprego despachante/emprego garçom/emprego/nome da cidade   Autônomo / nome da cidade
                                   representante de vendas autônomo / nome da
empresa   representação comercial
autônoma / nome da empresa
Faça isto com as suas especializações.
entre no site da oferta de emprego e envie seu currículo
                         abra um site de busca e digite:
site de busca/carreiras
site de busca/guia profissional guia de carreira
ou
o que faz um mecânico? Funções de um intérprete o que faz um marceneiro? Como é a profissão de locutor?
O que faz um taxidermista?
Abra um site de busca e faça muitas perguntas sobre as profissões. Acrescente qualificações em seu currículo.

-E se você estiver interessado em montar uma pequena empresa, abra um site de buscas e digite: LIBERDADE ECONÔMICA e pesquise sobre a necessidade de requerer licenças e alvarás para funcionamento.]

23 VEJA O QUE FAZ CADA PROFISSÃO   abra um site de busca:
site de busca/carreiras
site de busca/guia profissional guia de carreira
ou
o que faz um mecânico?
                         Funções de um intérprete o que faz um marceneiro?
                                   Como é a profissão de locutor?
O que faz um taxidermista?
Abra um site de busca e faça muitas perguntas sobre as profissões. Acrescente qualificações em seu currículo.

-E se você estiver interessado em montar uma pequena empresa, abra um site de buscas e digite: LIBERDADE ECONÔMICA e pesquise sobre a necessidade de requerer licenças e alvarás para funcionamento.

24 MODELOS DE QUALIFICAÇÕES

Suas qualificações são o seu retrato para a empresa. Temos aqui muitos exemplos de qualificações. Veja onde você se enquadra, aproveite os exemplos e acrescente mais algumas. Ao procurar por um emprego, é o que você SABE FAZER o que interessa para uma Empresa. Transforme seu currículo num "cartão de visitas" ou em sua "impressão digital"...

NUNCA SE ESQUEÇA: SUAS QUALIFICAÇÕES SERÃO O SEU RETRATO PARA A EMPRESA. CAPRICHE NELAS.
Temos aqui alguns exemplos de qualificações. Veja onde você se enquadra, aproveite os exemplos e acrescente mais algumas. Ao procurar por um emprego, é o que você SABE FAZER o que interessa para uma
Empresa.

JUNTE-SE ÀS REDES SOCIAIS E EXPONHA SUA PESQUISA POR UM TRABALHO E INSERA SEU CURRÍCULO   ALGUNS DOS MAIS PROCURADOS:

PRIMEIRO EMPREGO
Em que posso trabalhar
Na área de …….. onde pretendo completar meus estudos. Aprendo tudo com facilidade. Em qualquer que seja o setor, tenho certeza de que darei conta do recado. Expectativa e ansiedade batem forte nos primeiros momentos do primeiro emprego. Chegar no horário, incluir-se nas rodas de pessoas, usufruir dos momentos coletivos da Empresa, como: hora do café, hora do almoço,. Perguntar sem complexos, responder com cordialidade. Após o primeiro dia, você perceberá que já fez amigos lá dentro. Abra um site de busca e acione PRIMEIRO EMPREGO vagas/primeiro emprego (maior de l6 anos)
O QUE POSSO FAZER:
Ajudante em geral, datilógrafo, digitações, serviços de escrituração, filas em Bancos, Correios e agências em geral, cobranças, serviços de sacolagens, entregas a pé, de ônibus, bicicleta, etc, serviços de balcão, atender telefones, fazer ligações, descobrir novos clientes, atender, despachar fax, pesquisar sites e e-mails, empacotamentos, reposição de produtos, viagens, serviços de xerocagem, mimeógrafos, copiadoras, impressoras computação básica, etc. APRENDO TUDO COM MUITA FACILIDADE. Procure as melhores Empresas de sua cidade e ofereça seus serviços. Faça um currículo com os itens acima e envie-o para muitas Empresas.
Confie em você. Um bom emprego te espera. Abra um site de busca e acione OFFICE BOY/EMPREGO/o nome de sua cidade. Emprego/menor de idade menor/emprego vagas a partir dos 16 anos de idade.

BABÁ O QUE SEI FAZER:
Preparar mamadeiras, dar mamadeiras, sopinhas, papinhas sob receita, mingaus, sucos, vitaminas, frutas batidas ou em raspas, sobremesas infantis, ninar, trocar

fraldas, lavar e higienizar bebês, dar remédios, levar para passear, levar para a escola, creche, acompanhar em parques infantis, fazer companhia, viajar, prestar primeiros socorros, ler e contar histórias, cantar, dançar junto com a criança, brincar, fazer teatrinho infantil, etc. Monte um Currículo com os exemplos acima e mais outros, procure uma Agência de Emprego ou um Jornal com anúncios, ou Creches e ofereça seus serviços. Se você possuir boas referências, indique-as. Se não possuir referências, conquiste a confiança, demonstrando seus bons exemplos de vida.
Abra u m site de busca e digite: babá/vagas/nome da cidade emprego BABÁ/ nome de sua cidade emprego/babá

EMPREGADA DOMÉSTICA O QUE SEI FAZER:

Almoço ou jantar do dia-a-dia, comidas sob receitas, sobremesas simples ou sob receitas, doces, sucos, coquetéis, aperitivos, assados, bolos, congelados, serviços de tanque de lavar e ferro de passar, faxinas em geral, primeiros socorros, serviços de babá, etc. Copie os exemplos acima, acrescente outros e procure uma Agência de Emprego ou um Jornal com anúncios classificados ou uma Rádio que tenha programas de ofertas ou procura por vagas e ofereça seus serviços. Se você tiver boas referências, indique-as. Se não tiver, demonstre seus bons exemplos de vida e conquiste a confiança. Abra um site de busca e digite:
EMPREGO/EMPREGADA DOMÉSTICA e o nome de sua cidade. Empregada doméstica/vagas

OPERÁRIO O QUE SEI FAZER:

Sei operar tornos simples, torno vertical, torno automático, guilhotinas, dobradeiras, calandras, frezadoras, prensas, retíficas, plainas, extrusoras, sopradoras,injetoras, máquina de corte rotativo, laminadoras, máquinas gráficas, máquinas de costura industrial, máquinas moldadeiras, empilhadeiras, disjuntoras, transformadores, compressores, pontes rolantes, máquinas de embalagens, moinhos cilindros, dispersores, masseiras, planetárias, moinhos de areia, testômetros em geral, parafusadeiras, circulatórias têxtil, torrefadoras, trefiladoras, teares dosificadora, micropulverizador, micronizador, solna e policronia, retificador de soldas, centros de usinagens, contadoras, caldeiras, estufas, mesas de oxicortes, máquinas beneficiadoras, lacradeiras, prensa hidráulica misturadoras, endireitadora de arames, afiadora de pesponto, rebobinador de capas de bielas, fragmentador de papéis, 'fábrica de sacos plásticos, recuperador de prata em filmes, máquina de contar cédulas, cortadeiras de chapas de silício, retodedeira de fio sintético, talonadora, flocoladora de aveias e cereais, binadeiras, conigaleiras, falsa torção, metalizadora, máquina para relevo, tingidora de poliester, tingidora de malhas, corte e vinco, balanceador de rodas, desintegradora de metais, gruas elétricas, compactadoras, britadoras, peneiras giratórias, máquinas operatrizes para móveis e madeiras, enfardadeiras, plantadeiras e milhares de outras.
Copie todas as qualificações de seu conhecimento, acrescente outras e, monte o seu Currículo. Anexe ao currículo, uma carta de pedido de emprego, e envie para todas as empresas de seu interesse. Procure Agências ou Balcões de Empregos e entregue seu Currículo. Consulte as páginas amarelas das listas telefônicas e copie nomes de indústrias.
Há milhares de nomes. Abra um SITE DE BUSCA e digite: emprego/operário/o

nome de sua cidade. Operário/vagas/nome da cidade emprego/especialista em compactadores técnico em máquinas beneficiadoras/emprego/cidade torrefadoras/vagas gruas elétricas/especialistas
Lembre-se sempre: quanto mais qualificações você possuir, maiores e mais rápidas serão suas chances de conseguir emprego.

ENFERMEIRA

O QUE SEI FAZER: Curativos em geral, aplicação de soros e injeções, trocar e higienizar doentes, serviços de gesso, aplicação de medicamentos, leitura e interpretação de receitas, acompanhamento médico em sala de cirurgia, serviços de berçários, primeiros socorros, tomada de pressão e temperatura, setor de emergências, instrumentação em geral, atendimento a enfermos em domicílio, etc. Copie as qualificações acima, acrescente outras, monte um Currículo e envie para Hospitais, maternidades e ambulatórios em geral. Vá pessoalmente ou envie seu pedido de emprego pelo Correio ou Fax ou Internet.
Anexe uma carta de pedido de emprego. Há vários modelos neste Manual.
Abra um site de busca e digite: emprego/enfermeira/o nome de sua cidade. Enfermeira/vagas/cidade

LAVRADOR O QUE SEI FAZER: Serviços em geral, aração, semeadura, adubação, passar agrotóxicos, fazer cercas, currais, terreirões, ordenhas, montarias, domar cavalos, capinação, fazer tanques, operar máquinas pulverizadoras, plantadeiras, roçadeiras, enfardadeiras, carretas agrícola, trilhadeiras, aquecedores,irrigadores, bombas d'água, experiência com tratores das linhas M.F., Valmet, Ford, CBT, etc. Anote tudo o que você sabe fazer e procure escritórios de Empresas agropecuárias e ofereça seus serviços.
Consulte em um site de buscas: AGRICULTURA E PECUÁRIA/EMPREGO/nome da cidade lavrador/emprego/nome da cidade vagas para lavradores/nome da cidade ou Listas Telefônicas, nas Páginas Amarelas, os índices: AGRICULTURA E PECUÁRIA/EMPREGOS Há trabalho agropecuário pelo Brasil todo.

DONAS DE CASA (sem experiência anterior)

O QUE POSSO FAZER: Serviço de recepção ao cliente, relações públicas da empresa, divulgadora dos produtos e serviços da empresa, serviço de alto falante interno, pesquisar novos clientes, atender telefones, fazer serviços de mala direta, telemarketing, serviços de pacotes e embalagens, vendas direta, vendas à domicílio, vendas por telefone, serviços gerais, servente, copeira, limpeza, ascensorista, etc. Copie as qualificações acima,
acrescente outras e, procure as melhores empresas de sua cidade, pessoalmente, pelo Correio, por fax ou via Internet Monte seu Currículo e anexe uma carta de pedido de emprego. Há vários modelos neste Manual.
Lembre-se sempre: quanto mais qualificações você possuir, maiores e mais rápidas serão suas chances de conseguir emprego.
Abra um site de busca e digite: emprego/donas de casa/nome de sua cidade vagas para donas de casa/nome da cidade DONA DE CASA/EMPREGO/cidade

COSTUREIRA O QUE SEI FAZER:

Cortes e costuras em geral: saias, blusas, vestidos, jaquetas, calças, camisas, camisetas, paletós, blazer, etc. Opero máquinas de costuras domésticas ou industrial. Desenho moldes, tiro medidas, etc.

Monte um Curriculum com as qualificações acima, acrescente outras qualificações e envie para as fábricas e indústrias de vestuários, ateliês, lojas ,etc. Enquanto aguarda por um emprego, trabalhe por conta própria.

Faça muita propaganda que a freguesia aparecerá. Abra um site de busca e digite: emprego/costureiras/o nome de sua cidade.

Costureira/emprego/nome da cidade vagas para costureiras costureiras/precisa-se entre no site da oferta de emprego e envie seu currículo.

DESEMPREGADOS EM GERAL O QUE SEI FAZER:

Divulgação dos serviços e produtos da empresa, telemarketing, vendas diretas, vendas externas, serviços em geral, balcão, pacotes, embalagens, recepção de clientes, cobranças, entregas, cicloboy, motoboy, sacolagens, filas de Bancos, Correios e Agências, dirigir veículos, operar máquinas, datilografia, digitação, computação básica, Internet, falar, conversar, traduzir em Inglês, Espanhol e outras línguas, disponibilidade para viagens, segurança, limpezas e faxinas, zeladoria, pesquisa de novos clientes para a empresa, corretagens, reparos em geral. O que não sei fazer, aprendo com facilidade. Copie as qualificações acima, retire algumas, acrescente outras, monte um Currículo e envie para as melhores empresas que você conhece. Vá pessoalmente, por Carta, Fax ou Internet. Procure uma Agencia de Emprego ou um Balcão de Empregos. Você sabe fazer muitas coisas.

Abra um site de busca e digite:
emprego/desempregado/nome de sua cidade.
Vagas/desempregado/cidade desempregado/emprego/nome da cidade
entre no site da oferta de emprego e envie seu currículo

PEDREIRO O QUE SEI FAZER:

Reformas em geral, alicerces, leitura de plantas, paredes, pilares, vigas, rebocos, cimentados, lajes, azulejos, pisos cerâmicos, calçadas, andaimes, amarração, ferragens, muros, caiação, calhas, telhados, carpintaria. pinturas, eletricidade, encanamento e hidráulica, sanitários, etc. Copie o que você sabe fazer, acrescente outros serviços. Abra um site de busca na Internet e digite:
EMPREGO/CONSTRUÇÃO CIVIL PEDREIRO/VAGAS/CIDADE
PEDREIRO/nome de sua cidade pedreiro/emprego ou pedreiro/trabalho ou procure uma Agência de Emprego ou, consulte a Lista Telefônica nas Páginas Amarelas, no índice, construtoras, construtores e ofereça seus serviços. Vá pessoalmente ou envie por Carta o seu pedido de emprego.

MOÇAS (maior de 16 anos) só com 1o Grau ou 2o Grau – sem experiência anterior: O QUE POSSO FAZER

:Atender balcão, atender clientes e fregueses, fazer pacotes, embalagens, serviços de filas em Bancos, Correios, Agências, pagamentos, cobranças, pequenas entregas, secretariar, ser recepcionista, atender telefones, despachar fax, e-mails, pesquisar novos clientes, descobrir novos endereços, serviços de telemarketing, serviços de xerox , impressoras e mimeógrafos, serviços de datilografia e digitação, ser demonstradora de produtos, manequim, pesquisar sites, etc. Copie as qualificações acima, acrescente outras, monte um Curriculum e envie para as melhores empresas de sua cidade. Vá pessoalmente, use o Correio, fax ou a Internet. Você tem grandes chances. Abra um site de busca e digite: vagas para moças/trabalho/cidade emprego/moças/e o nome de sua cidade. Faça isto para muitas cidades. entre no site da oferta de emprego e envie seu currículo

MECÂNICO O que sei fazer:

experiências anteriores: Consertos, reparos, montagem e desmontagem, Identificar defeitos em motores, câmbio, diferencial, suspensão, direção, freio, parte elétrica, de automóveis, caminhonetes, caminhões, ônibus, etc. Copie todas as suas qualificações, acrescente outras, monte um Currículo, anexe uma carta de pedido de emprego e envie para oficinas mecânicas, concessionárias, agências de veículos, frotas, transportadoras, agências e balcões de empregos. Consulte as páginas amarelas das listas telefônicas, anote endereços de oficinas e envie pedidos de emprego. Abra um site de busca e digite: emprego/mecânico/nome de sua cidade. mecânicos/vagas/cidade. Mecânico/linha pesada/nome da cidade mecânico/tratores e máquinas agrícolas/emprego/nome da cidade mecânico de moto/trabalho Repita para muitas cidades e para várias especializações. Com certeza, o seu emprego virá. Entre no site da oferta de emprego e envie seu currículo

MAQUINISTA O que sei fazer:

as máquinas que sei operar:

Motoniveladoras, esteiras, pá-carregadeiras, rolo-liso, carretas, rolo pé-de-carneiro, caminhão espargidor, distribuidor de agregados, carregadeiras,catterpilar, esteiras, carregadora 930, rolo compactador, britadores, rebritadores, afiadoras, calandras, centro de usinagem, compressores, curvadoras, dobradora para chapas, eletro erosão, empilhadeiras, fresadoras, ferramenteiras, guilhotinas, tupias, desengrossos cursal, pontes rolante, prensas excêntricas e milhares de outras. Copie os nomes de todas as máquinas de sua experiência, acrescente outras e monte um Currículo. Anexeuma carta de pedido de emprego e envie para as empresas de sua preferência: construtoras, indústrias, agro-pecuárias, barrageiras, Agências e Balcões de Empregos, etc. Abra um site de busca e digite: emprego/maquinista/cidade maquinista/vagas técnico em tupias espargidor/emprego/nome da cidade emprego/maquinista/nome de sua cidade. Digite um SITE DE BUSCA especialidade/emprego/nome da cidade entre no site da oferta de emprego e envie seu currículo

VENDEDOR o que sei fazer:

Vendas internas com atendimento de balcão, hall, show-room, exposição, pronta-entrega, prateleiras, vendas com catálogo; Vendas externas com visitas ao cliente, vendas demonstrativas, planejamento de vendas, via Fax, Internet, envio de Catálogo pelo Correio, fax, e-mail, vendas direta via telefone 0800, vendas via laptop, vendas via tele-marketing, vendas via e-mail, vendas via mala-direta, vídeo conferência, prospecção de clientes, coordenar equipes de vendas, vendas por e-commerce, etc.

Copie as qualificações que lhe interessar, acrescente outras, monte seu Currículum-Vitae, acrescente uma Carta com pedido de emprego e envie para

Agências e Balcões de Empregos, empresas atacadistas, magazines, grandes lojas, concessionárias, corretoras, expositoras, etc. Se possuir disponibilidade para viagens, pode ter certeza, o Brasil inteiro te espera. Abra um site de busca e digite: emprego/vendedor/nome de sua cidade ou região. Site de busca/vendedor/vagas/cidade
entre no site da oferta de emprego e envie seu currículo

AUXILIAR DE ESCRITÓRIO o que sei fazer: Datilografia e digitação, auxiliar montagens de sistemas específicos ou integrados, folhas de pagamento, estoques, contas, clientes, fornecedores, códigos de barras, fluxo de caixa, Notas Fiscais, Boletos Bancários, Cupom Fiscal, cadastros, contratos, ordens de serviços, ISS, ICMS, arquivos, listas de preços, etiquetas, comissões, listas de e-mail, serviço e suporte intranet, automação comercial, etc.
Copie as qualificações de seu domínio, acrescente outras, monte seu Curriculum-Vitae e envie para Agências de Empregos e escritórios em geral.
Abra um site de busca e digite: empregos/escritório/nome de sua cidade.
Vagas/auxiliar de escritório/cidade

PROFESSOR RECÉM FORMADO: são muitas as especialidades. Da pré-escola ao professor de universidade, há emprego para todos. Envie seu currículo para todas as escolas particulares de sua cidade e cidades vizinhas. È a profissão que mais dá emprego. Vá enviando currículos. No final do ano é a melhor época para envio de currículos.
Há escolas particulares que entram em desespero, ao chegar no início do ano letivo com falta de Professor. Procure a Secretarias Estadual ou Municipal de Educação de sua cidade e verifique a época de inscrições para atribuição de aulas ou concurso público.
Abra um site de busca e digite:
emprego/professor/nome de sua cidade ou de outras cidades;
professor de ....../emprego
professor de ..../vaga
nome da escola/vagas para professor de........
envie seu currículo para muitas Escolas.

25 ALGUMAS ESPECIALIDAD ES NA ÁREA DE INFORMÁTICA
O mercado de trabalho na área de informática, amplia-se de modo globalizado...

ANALISTA DE BASES DE DADOS: gerenciador de bancos de dados , organiza e interpreta sua estrutura.
PROFISSIONAL DE T I: técnico ou engenheiro voltado para o desenvolvimento de redes virtuais.
WEB MASTER: técnico responsável pelo bom funcionamento dos Sites.
GERENTE DE CONTEUDOS: seleciona as informações e os textos que serão colocados na tela ou web-site.
ESPECIALISTA EM TELE-INFORMATICA: é o técnico voltado para sistemas que fundem Telecomunicação e computadores.
GERENTE DE COMERCIO ELETRONICO: é quem cuida das vendas aos

clientes

.GERENTE DE PRODUTO WAP: faz análise de mercado especificamente voltada para a tecnologia wireless e ajuda a desenvolver soluções.

WEB-RESEARCHER: pesquisador especializado em analisar o desenvolvimento do setor e as atividades dos concorrentes.

WEB-WRITER: é o atual redator da Internet. Deve trabalhar o texto de acordo com as características da Mídia virtual.

GERENTE E-COMMERCE: é o expert em tecnologia e tendências Web, que decide como aplica-las, de

Acordo com o objetivo da empresa. DESIGN GRÁFICO é o especialista na arte de usar o computador a serviço da propaganda, da publicidade,

Da imagem de alta definição da televisão digital e de todo tipo de artes gráficas.

WEB DESIGN é o digitador de páginas. É ele que inicia o computador, pesquisa páginas na Internet, Atualiza páginas locais, etc.

ESPECIALISTA em Tecnologia da Informação, Análise de Sistemas, Métodos e Ferramentas da Computação, Sistemas de Informação,

TÉCNICO em Manutenção e suporte em informática,, Técnico em redes de computadores, Técnico em sistemas de Transmissão.

E também

ESPECIALISTAS EM:

Redes, ceo, anti-hacker, tv interativa, banco de dados, segurança de site, comércio eletrônico, t.i., análise de sistemas, Montagem e manutenção de computadores, análise da web, usabilidade, editoria de conteúdos, e-busines, base de dados, traficker, administração de banco de dados, infraestrutura, programação oracle, adword

Abra um site de busca e digite:

Emprego/informática/nome da cidade

Vagas/informática/cidade

Nome de uma especialização/emprego

Ter também conhecimentos em:

MS-Windows 7: conceito de pastas, diretórios, arquivos e atalhos, área de trabalho, área de transferência, manipulação de arquivos e pastas, uso dos menus, programas e aplicativos, interação com o conjunto de aplicativos MS-Office 2010. MS-Word 2010: estrutura básica dos documentos, edição e formatação de textos, cabeçalhos, parágrafos, fontes, colunas, marcadores simbólicos e numéricos, tabelas, impressão, controle de quebras e numeração de páginas, legendas, índices, inserção de objetos, campos predefinidos, caixas de texto.

MS-Excel 2010: estrutura básica das planilhas, conceitos de células, linhas, colunas, pastas e gráficos, elaboração de tabelas e gráficos, uso de fórmulas, funções e macros, impressão, inserção de objetos campos predefinidos, controle de quebras e numeração de páginas, obtenção de dados externos, classificação de dados.

MS-PowerPoint 2010: estrutura básica das apresentações, conceitos de slides, anotações, régua, guias, cabeçalhos e rodapés, noções de edição e formatação de apresentações, inserção de objetos, numeração de páginas, botões de ação, animação e transição entre slides. Correio Eletrônico: uso de correio eletrônico, preparo e envio de mensagens, anexação de arquivos. Internet: Navegação Internet, conceitos de URL, links, sites, busca e impressão de páginas.

(conteúdo de concursos)
Quanto mais qualificações você tiver na área de informática, mais fácil será a sua conquista de um emprego.
Capriche em suas qualificações.

Encontre aqui muitos sites com cursos gratuitos de qualificação profissional...

para o BRASIL todo: abra um site de busca e digite seu Estado e sua Cidade/QUALIFICAÇÃO PROFISSIONAL
Site de busca/curso de qualificação profissional/área
Qualificação profissional curso grátis
Curso de qualificação profissional on-line
Programa de qualificação profissional/cidade
Curso básico de qualificação profissional/são Paulo
Cursos gratuitos de qualificação profissional
Sp/qualificação profissional
Qualificação profissional/emprego
Qualificação profissional/gratuita
digite a cidade de seu interesse e encontre um curso de qualificação profissional E VERIFIQUE OS CURSOS DISPONIVEIS
HÁ CURSOS BÁSICOS DE QUALIFICAÇÃO PROFISSIONAL OFERECIDOS PELO ESTADO DE SÃO PAULO, de acordo com as demandas regionais. O objetivo é capacitar gratuitamente a população que está em busca de uma oportunidade no mercado de trabalho ou que deseja ter seu próprio negócio. Podem participar do programa pessoas maiores de 16 anos, alfabetizadas e que residam no Estado de São Paulo.
É dada prioridade para candidatos: que estejam desempregados, com maior idade, mais baixa escolaridade, mulheres arrimo de família e pessoas com maiores encargos familiares. O programa atende, além de todos aqueles que estão em busca de qualificação profissional.
PROCURE O POUPA TEMPO MAIS PRÓXIMO DE SUA RESIDÊNCIA E FAÇA SUA INSCRIÇÃO
Abra um site de busca e digite: por exemplo;
Bijuterias Artesanais/curso de qualificação profissional
Azulejista/curso de qualificação
Carpinteiro/curso grátis/sua cidade
Confeitaria Básica/curso de qualificação grátis
Nome de uma carreira/curso de qualificação/cidade
Cursos profissionalizantes/grátis
Cursos on-line grátis
Cursos gratuitos
Ou, se preferir:
Site de busca/CURSOS PROFISSIONALIZANTES PAGOS

Aprenda agora mesmo uma profissão. Leia aqui e veja os passos para começar a aprendê-la agora, neste momento. São muitas profissões aqui disponíveis. Basta querer. Veja como é fácil aprender a profissão de...

COMECE AGORA FAÇA A SUA PROFISSÃO HOJE
VEJA COMO É FÁCIL
ATOR/ATRIZ

Quer ser ator ou atriz? Existem cursos universitários de arte dramática, como também cursos técnicos que ensinam a arte da profissão. Porém é uma profissão de livre formação. Não há uma idade determinada para o início. Além do mais, comece a treinar já. Pense em uma história e tente contá-la, do seu jeito. Conte a mesma história de dez maneiras diferentes. Experimente. Grave sua voz. Escreva e reescreva em um caderno ou salve em uma pasta. Escreva-a, conte uma vez, duas, três. À cada contada, você melhorará seu potencial. Treine com amigos. Dramatize histórias em quadrinhos. Este é o melhor teste para sua vocação. Escolha muitas boas histórias e monte um grupo teatral fazendo com que todos os participantes treinem muito.

Convide amigos para a montagem de uma peça amadora. Daí é só montar shows e apresentações. O segredo é treinar muito. Grave vozes, corrija os defeitos, encaixe músicas, luzes, construa cenários e treine. Há gravações de comerciais para TV que exigiram 150 retomadas e regravações para aproveitamento de 15 segundos.

CANTOR

Comece agora, já, cantando uma canção. Treine várias vezes a mesma canção e verás que à cada nova tentativa, sua voz se encaixará melhor. Treine muitas músicas e, em pouco tempo você poderá procurar uma banda ou mesmo, montar sua banda. E, comece agora, neste instante, a compor músicas. É fácil. Tente. Inspire-se em qualquer assunto. Comece assobiando, soletrando tons, e, pode ter certeza, pelo menos uma música por dia será composta por ti. Grave sua voz, encaixe-a melhor, grave novamente, torne a gravar, encaixe instrumentos, cante novamente até ficar de igual qualidade ao cantor original. A partir daí, parta para a briga. Tente. Você consegue. Estude um instrumento musical pois, facilitará a abertura de portas. Veja estes nomes famosos pelo mundo inteiro: BEYLONCE, JAY-Z , JUSTIN, MADONNA, 50 CENT, KANYE WEST, CELINE DION,BON JOVI, GWEN DION, ALICIA KEYS e os brasileiros, ROBERTO CARLOS, CAETANO VELOSO,IVETE SANGALO, LUAN SANTANA, LULU SANTOS, SKANK, PARALAMAS, XITÃOZINHO E XORORO, ZEZÉ DE CAMARGO E LUCIANO, PAULA FERNANDES, só para citar dez. Pergunte para eles como foi o início?

FOTÓGRAFO

Profissão de livre formação. Exige muita criatividade e sensibilidade artística onde, o melhor da imagem é o que deve ser clicado. Procure livros que ensinam a arte da fotografia. Faça cursos. Atualize-se com as novas técnicas. Consulte o assunto na Internet. Conheça os diferentes tipos de câmeras e a potência dos flashs.

Com uma boa câmera digital nas mãos e boa técnica, faça verdadeiros milagres fotográficos. Monte uma empresa fotográfica ou entre no esquema free-lancer, enviando boas fotos aos jornais.

JOGADOR DE FUTEBOL

Quer ser um craque da bola? Quem não quer? A maioria dos que querem não conseguem. Tudo por falta de uma coisa: treino certo. Preparo físico até os 30 anos de idade, todos têm. O que é que dá errado?

Comece a treinar agora. Com os dois pés. Se você é destro (direito) faça com que seu pé esquerdo alcance a qualidade que tem o seu pé direito. Impossível? É claro que não. Tente. È só treinar. Treine sua pontaria, com chutões e principalmente com chutinhos. É o que mais acerta. Treine muito bater faltas descalço. Muito. Isto deixará seus pés bem calibrado para chutes com chuteiras. Carregue a bola com os pés sem olhar para ela. Treine muito isso. Carregue as baterias de seus reflexos. utilizando um paredão para isto. Bata com força a bola no paredão, dê um giro de corpo de 360 graus e domine a bola. Faça isto muitas vezes ao dia, tanto para a direita como para a esquerda. Treine isto diariamente. Seus reflexos ficarão à qualquer prova. Ninguém será mais rápido que você. E principalmente, treine com seus colegas interessados em serem craques. Treine muito todos os tipos de dribles: desde as pedaladas do Robinho ao chapéu de chaleira, ao chapéu de placa, na gaveta, da vaca, da lambreta do Neymar, enfim, todos os dribles devem ser treinados muito. É só questão de treino. Outra coisa, jogadas de futebol dois toques. É só este tipo de futebol que ganha jogo. Qualquer outro tipo de tática só serve para perder jogo. Observe o futebol de qualquer time que ganha jogo e compare-o com o futebol do time perdedor. Somente ganha o time que aplicou mais o futebol dois toques. Treine para jogar em time campeão e, na Seleção.

Aposte nisto e verás a tua vitória. Veja estes dez nomes. São os melhores e mais bem pagos do mundo, neste início de Século XXI: Beckham PSG, Lionel Messi Barcelona, Cristiano Ronaldo Real Madrid, Samuel Eto'o Anzhi / Seleção de Camarões, Neymar PSG, Sergio Aguero Manchester City, Wayne Rooney Manchester United, Zlatan Ibrahimovic PSG, Fernando Torres Chelsea. O início deles, foi exatamente igual ao teu. (dominou, tocou ou limpou, chutou, como ensinava o seu Professor Primário). Escolinha, timinho, treininho, muito treino, garra, vontade e por fim talento e, SUCESSO.

COMPRADOR PARA REVENDA

1)Roupas usadas: anuncie em alto falante ou distribua panfletos de porta em porta, comunicando que você compra roupas usadas. Marque na propaganda, seu endereço. Depois, bata de porta em porta, anunciando a compra.

Venda o seu brechó nas Feiras livres, ou em carros ou peruas ou com um anúncio em sua própria casa:

BRECHÓ ROUPAS USADAS – VENDE-SE. Costuma dar bom dinheiro. NUNCA SE ESQUEÇA DE UMA PLACA EM SEU PORTÃO. De preferência com um numero de telefone.

2)Comprador e Vendedor de ferro-velho, metais, recicláveis, garrafas, jornais, papelão

3)Comprador de móveis usados. Compra-se, dá-se uma reforma e o revende

4) Comprador e Vendedor de animais: filhotes de cachorros e gatos de raça, pássaros importados. Anuncie a revenda e ganhe bom dinheiro

LANCHEIRO

Alimentamo-nos quatro vezes ao dia.. Cozinhamos ou compramos comidas feitas

e, todo carrinho de lanche sempre atrai os esfomeados. Carrinho de lanches, que venda cachorros-quentes e hambúrgueres sempre são simpáticos aos olhos de quem está com fome. Forme um ponto para seu carrinho, de preferência próximo a conjuntos habitacionais ou ruas movimentadas. Se adicionar ao carrinho, uma churrasqueira para espetinhos, com certeza seu lucro dobrará. Ou, em vez de carrinho, um pequeno quiosque na calçada de tua casa ou do lado e dentro do quintal. Teus recursos para lanches aumentarão pois, haverá uma geladeira e um fogão disponível. Pense nisto.

HOTEL para animais de estimação: cães, gatos, aquários, gaiolas, vasos, outros. É muito útil. Anuncie e ganhe um bom dinheiro. Diariamente, há pessoas com as malas arrumadas para uma viagem e não sabem onde deixar a gaiola ou o aquário ou o vaso ou o gato ou seu cachorro. Pense em um hotel ou uma hospedagem e divulgue.

VENDEDOR PRACISTA

É uma profissão fascinante. Cada dia em uma cidade. Vagas para vendedores pracistas há em todos os lugares.

Consulte uma agência de emprego e saia de lá empregado. Ou, ofereça seus serviços de Vendedor como autônomo e represente muitas empresas simultaneamente. Dentro da mesma pasta, catálogos para autopeças, para encartelados, para confecções, para materiais de construções, transformarão você num super-vendedor, sem nunca perder a viagem ou a praça. Faça cursos de venda, muitos e até mesmo os gratuitos.

COSTUREIRA ou ALFAIATE

É a arte da confecção. Sempre há alguém à procura destes profissionais. Entre em um Curso de Corte e Costura para roupas femininas e também masculinas. Há muitos cursos gratuitos ou procure livros na Biblioteca Pública e nos sites da Internet onde há fartura de ensinamentos. Tirar medidas, ler moldes, cortar tecidos na medida certa e costurar fazem a profissão. Criatividade na confecção de roupas femininas, fazem-no ganhar fama. Acerto no corte masculino, lhe trarão fregueses de longe. Máquina de costura, boas tesouras, linhas e agulhas, réguas e fita métrica, formam o ferramentil da costureira e do alfaiate. Para treinar em casa e sozinho, desmonte camisas velhas, calças, blusas, paletós, saias, vestidos, shorts, bermudas, jaquetas, etc., risque em um jornal ou papel pardo, alinhave e costure. Basta treinar e suas mãos ficarão firmes.

Coloque uma placa defronte sua casa com os dizeres: COSTUREIRA ou ALFAIATE, de preferência com um número de telefone junto.

CARRINHOS DE PIPOCA OU ALGODÃO DOCE

De preferência os dois juntos, acoplados. Atrairão paladares para doce e para salgado. E quem não gosta de pipoca ou de algodão doce? Monte um ponto defronte escolas, parquinhos, feiras ou mesmo defronte tua casa, que teu lucro virá.

EMPREGADO DOMÉSTICO

É o maior mercado de trabalho do Brasil. Na medida em que o poder aquisitivo

do povo aumenta, maior é sua necessidade de redistribuir afazeres. Cozinheiras, faxineiras, babás, motoristas, jardineiros, zeladores, lavadoras, porteiros, ascensoristas, mordomos e governantas, formam o exército da profissão de empregado doméstico. Porém, a preferência geral é por quem reúne em uma pessoa, o maior número de qualificações.
É uma profissão de livre formação. Humildade, comunicação, responsabilidade, organização e dedicação, São características essenciais para o sucesso na profissão. Se você quiser ganhar bom dinheiro, monte uma empresa de prestação de serviços domésticos. Ofereça serviços terceirizados de faxinas, cozinha, roupas, babás, motorista, jardinagem, etc., sem que haja vínculo empregatício com a residência. Pense nisso. OU,
Só aceite trabalhar com Carteira de Trabalho assinada e usufrua de todos os benefícios que a C.L.T. legisla.
Nunca aceite trabalhar em local algum, sem sua Carteira assinada.

COZINHEIRO

Boa profissão!. Comece agora. Procure na Internet por: receitas de doces ou receita de pratos especiais ou receitas de pratos quentes ou receitas de pratos frios ou receitas de saladas ou receitas de bolos ou receitas de lanches ou receitas de pizzas... Vá a Biblioteca Pública e anote receitas. Comece a treinar e coloque seus serviços à disposição de hotéis, bufês, restaurantes, residências, festas, etc.; ou monte sua rotisseria em casa mesmo. Não se esqueça de colocar uma placa no portão de sua casa com os dizeres: ROTISSERIA ou COZINHEIRO e um telefone. Depois é só começar a faturar.
Na Internet há milhões de receitas e siga à risca todas elas.

SALGADEIRO

Fabrique em casa salgadinhos de todo tipo: coxinhas, risoles, empadas, enrolados, pizzas, croquetes.
Coloque uma bela placa no portão de sua casa, um número de telefone, e comece a faturar. Higiene e boa qualidade cuidarão da publicidade futura.

ARTISTA PLÁSTICO

Apesar de haver curso universitário, o artista plástico pode ter livre formação. Comece modelando sabões com uma colherinha de café. Em pouco tempo formas incríveis com outros materiais, farão de você um artista plástico. Faça cursos de desenhos, pinturas, artesanato, modelagens, cromagem, tatuagem, grafitagem, cerâmica, maquetes. Procure na Internet, cursos e aulas, procure livros. Inicie sua arte, reproduzindo a primeira das maravilhas: a Natureza. Consulte livros na Biblioteca Pública. Qualquer equilibrista que anda na corda bamba há dez metros de altura, começou treinando com dez centímetro. Você sabe disto.

CABELEIREIRO

A MULHER é a primeira de todas as maravilha e a mais bela das paisagens aos olhos do homem. E toda mulher sabe disto. Porém, toda mulher veste-se, maquia-se e penteia-se para os olhos social.   E é o cabeleireiro quem cuida da beleza dos cabelos da mulher. É inato no Ser Humano, cortar, lavar e pentear os cabelos. Pentes, escovas, tesoura, fazem as principais ferramentas

Faça um Curso de cabeleireiro/a ou um estágio em um salão de beleza.. Cremes,
tinturas, secadores, modeladores, fazem parte da vida dos cabelos. Corte,
lavagens, enxágues, secagem e penteados requerem técnicas Há cursos pagos e
grátis, para todos os assuntos.
Procure livros na Biblioteca Pública ou cursos na Internet. Monte seu salão em
casa mesmo. Coloque uma placa defronte seu portão com os dizeres: SALÃO DE
BELEZA. Em pouco tempo você estará contratando funcionários. Ou, ofereça
seus serviços a salões de beleza. Ética e estética são as principais qualificações do
cabeleireiro

JARDINEIRO (Profissão de livre formação)

Toda residência possui seu jardim. Para se especializar, faça um curso de
jardinagem ou um estágio com um jardineiro do Jardim Público ou em um
fornecedor de mudas ou, loja de adubos. Vá até a Biblioteca Pública e procure
informações em livros. Anote nomes e usos para adubos, composto orgânico
semeaduras, podas, enxertos, plantios, forrações.. Na Internet, em sites de buscas
você encontra tudo sobre o assunto. NUNCA SE ESQUEÇA DE COLOCAR
UMA PLACA em frente seu portão com os dizeres; JARDINEIRO e um telefone.

BARMAN OU GARÇON

Profissão de livre formação. Procure na Internet ou na Biblioteca Pública livros
sobre o assunto e anote o que for principal. Treine em casa, anote receitas de
bebidas, coquetéis e lanches, treine muito e ofereça seus serviços free-lancer para
bares, lanchonetes, hotéis, restaurantes, boates. Rosto tranquilo, sorridente,
conhecer o freguês pelo nome, conhecer o gosto do freguês habitual, são algumas
das qualificações.

BARBEIRO

Sempre haverá alguém cortando os cabelos em um barbeiro. Faça um curso ou
estágio em um salão. O segredo é sempre cortar um pouco a menos, para não ter
perigo de errar. O mais difícil é fazer a barba e o bigode usando navalha. Mas é
só treinar. Coloque uma placa em frente sua casa, que sempre haverá fregueses.
Faça as contas e calcule: Se sua cidade possui 30 000 habitantes, 15 mil são
homens. Destes, quinze mil, a metade corta os cabelos à cada dois meses. Se são
cinco barbeiros na cidade, então divida sete mil e quinhentos por cinco, o que
dará 1500 cortes à cada dois meses para cada barbeiro. Dará um bom salário.
Procure um SEBRAE e informe-se sobre a abertura de um salão e as
possibilidades de um financiamento para compra de material e equipamentos.

PESCADOR

Seja de rio, lago ou mar, é uma profissão de livre formação. Ferramentas: redes,
tarrafas, armadilhas, espinhéis, linhadas, boias, anzóis, botes, barcos, canoas,
jangadas. Como toda profissão, existem as manhas. Todo peixe é esperto. Muitos
roubam a isca como o melhor dos ladrões. Ninguém percebe. Pescador esperto
pesquisa as iscas. Para cada ambiente, um tipo de isca: águas paradas, rios,
corredeiras, poças, ondas, etc. E, cada tipo de peixe tem seu cardápio ou sua isca
preferida. Isto, todo pescador sabe. Não adianta querer pescar peixe carnívoro
com massinha de pão. Arme sua rede em um bom rio. Coloque uma boa ceva e no

dia seguinte recolha os peixes. Peixe pescado é alimento. Todo bom pescador sabe que fazendo cevas, a pescaria será farta; Tire a sua licença e registre-se como Pescador. Porém, pescar em época de piracema além de proibido, é covardia. Cada peixe fêmea fisgado possui milhares de ovas prontas para a desova durante a piracema.

DESIGNER GRÁFICO

É uma profissão sensacional. Saiba como copiar a natureza, suas decorações e belezas. Saiba como copiar a criação da imaginação virtualmente. Saber como desenhar o rosto humano, suas expressões em diferentes idades, não é fantástico? E também, criação de marcas, logomarcas, logotipos, identidade visual, Arte Digital Tratamento de Imagem Efeitos Especiais, campanha publicitária Banners; concepção de animações gráficas, tratamento de imagens animações em 3D; Web Sites, desenvolvimento de projetos monocromia e quadricromia para impressão em qualquer segmento na área de pré-impressão, calibração do monitor para maior realidade de cores, montagem de fotolitos. layout\'s para ploter de recorte ou a jato de tinta, preparação de arquivo para saída em CTP criação de outdoors, totens, luminosos banners, fachadas, entre outros meios de comunicações, revistas, livros, folhetos, cartazes, panfletos, timbrados, brindes, lembranças, adesivos, assessoria em marketing, ilustrações, criação de catálogos, convites, tratamento de imagens editoração eletrônica, digitalização de imagens, Tudo isso é fácil. Apenas treine. Treinar estudando. Procure livros em uma Biblioteca Pública e estude. Procure ensinamentos na Internet. Existem milhares de páginas gratuitas. Comece agora. Pegue um lápis, papel e comece a desenhar pelo menos cem situações diferentes por dia. Desenhando e pintando. Em vinte dias, seus desenhos serão admirados por você mesmo. O desenho do rosto humano geralmente faz um bom dinheiro. Sente-se em um quadrado, instale uma placa de desenho e desenhe os transeuntes. Você pode ter certeza, seu dia será ganhado. E, aplicando sua arte em um computador, abrirá horizontes incríveis.

VENDAS PELA INTERNET

Procure o SEBRAE mais próximo e siga as instruções Legais. O que você pode vender com sucesso? Produtos femininos tais como: bijuterias, sapatos bolsas, cosméticos, roupas, agasalhos, enxovais para noivas, enxovais para bebês. Seja produto novo ou brechó, o que for ofertado com certeza será vendido. Lista de presentes de casamentos, brinquedos, bonecas, produtos de pet shop, fitas de jogos. Tudo o que você imaginar, até mesmo brinquedos usados, bicicletas usadas, chuteiras, videogames, mochilas, bebidas, livros, revistas, mensagens, poesias e cartas de amor. Tente. Seu sucesso dependerá de sua honestidade.

AO DESENVOLVER UMA PROFISSÃO, ALÉM DE MUITA PERSEVERANÇA, DEDICAÇÃO E TREINAMENTTO, A PESQUISA É FUNDAMENTAL. LEIA LIVROS ESPECÍFICOS, FAÇA ESTÁGIOS E CONSULTE SUA PROFISSÃO NA INTERNET.
Nunca deixe de procurar uma agência do SEBRAE para colher informações.

Aprenda a ser flexível. Ser linha dura pode não lhe favorecer. Aprenda aqui como adaptar-se...

a)Aquele que trabalha em equipe;
b)Aquele que pesquisa intercâmbios;
c)Aquele que conhece a missão da empresa;
d)Aquele que acompanha as inovações do mercado;
e)Aquele que sabe muito mais do que sua graduação ensinou;
f)Aquele equilibrado emocionalmente;
g)Aquele que socializa informações e conhecimentos;
h)Aquele que sabe corrigir rumos e rotas;
i)Aquele que cultiva a educação continuada;
j)Aquele que conhece as exigências da carreira;
k)Aquele que cultua hábitos de pesquisas;
l)Aquele que veste a camisa da empresa;
m)Aquele que trabalha por uma empresa egocêntrica;
n)Aquele que em uma discussão sabe que sorrir pode ser melhor do que cerrar os dentes;
o)É aquele que sabe escutar, entender e interpretar o que ouviu e após, opinar;
p)É aquele que por saber que ninguém é o único "sabe-tudo", aceita a sabedoria alheia e compartilha a sua;
q)É ser disciplinado ao participar de um conflito de interesses.
r)se saiba inserir-se em vários projetos simultaneamente ;
s)que confie e seja da confiança de seu grupo;
t)aquele que tenha disposição para viagens e trabalhos home-office
u)aquele que com sua atuação, torna maior a produtividade do grupo;
v)aquele que coloca-se à disposição de novas estratégias da empresa;
w)aquele que aceita e se envolve com as mudanças estratégicas da empresa;
x)aquele que discute novas ideias e opiniões sem conflitar;
y)aquele que está sempre preparado para mudanças de cargos em sua empresa;
z)aquele que aproveita-se das motivações incentivando o grupo a fazer o mesmo.

29 DICAS e CONSELHOS PARA TODOS

Dicas e conselhos podem nos ser úteis. Veja aqui a importância dos conselhos e dicas...

a)saiba que há um mapa de tesouro em sua cabeça. Caminhe pela trilha que você criou e, com certeza, chegarás ao tesouro;
b)leia jornais, desde o noticiário e também, aos classificados, local onde existem grandes tesouros à espera de alguém;
c)armazene ideias em um caderninho, só seu, onde diariamente, irás acrescentando e engordando seu banco de dados. Isto só lhe trará lucros. Pode ter certeza;
d)prepare o caminho por onde você dará seus passos, planeje-se, programe-se,

treine, exercite-se. Nenhum equilibrista caminha por uma corda bamba há 10m do solo, sem antes ter treinado há 10cm de altura;

e)prepare o seu próprio Curriculum-Vitae pessoal. Rasgue-o e faça outro, por 10 vezes, 100 vezes e, verás que, à cada nova rascunhada, suas chances aumentarão para você mesmo;

f)mergulhe de corpo e alma em seus projetos. Ao sair à procura por um emprego, aja como se o emprego já fosse seu;

g)escute mais, fale menos, leia muito e escreva bastante. São quatro requisitos básicos para a ampliação de sua inteligência;

h)amplie suas possibilidades, auxilie outras pessoas, sempre, em todas as ocasiões, em todos os lugares e em todos os momentos. Plante boas sementes e colherás bons frutos;

i)calcule os riscos, neutralize, vacine, prepare todos os antídotos, nunca jogue fora todos os seus trunfos, todas as suas cartas. Mantenha guardado, sob sete chaves seu segredo, a sua última "bóia-salva-vidas", o seu "pulo do gato". Faça isto e sairás sempre vencedor.

30 O EMPREGADO PERFEITO

O empregado perfeito existe aos milhares. Veja aqui quem são eles...

a)é aquele que acima de tudo, visa o progresso da empresa;

b)é aquele que possui espírito investigativo;

c)é aquele que possui domínio do Inglês, Espanhol e outras línguas, para tradução, redação e conversação, visando a globalização dos negócios;

d)é aquele que gerencia todo tipo de informação em sua área;

e)é aquele que inova, é atualizado, se aperfeiçoa;

f)é aquele que é versátil;

g)é aquele que domina e gerencia todo o tipo de marketing de sua área;

h)é aquele que possui sempre projetos de pesquisas dentro de sua área;

i)é aquele que projeta estimativas, probabilidades, estatísticas;

j)é aquele que gerencia e administra seu setor de acordo com as rédeas do mercado;

k)é aquele que estimula a autocrítica da empresa, visando sempre seu aperfeiçoamento;...

l)é aquele que cria, inova e compartilha;

m)é aquele que imagina, molda, modela e planeja seu futuro dentro da empresa;

n)É aquele que demonstra prazer e paixão pelo trabalho;

o)É aquele que veste a camisa de empresa e sente orgulho ao vesti-la.

p)É aquele que veste a camisa de empresa e sente orgulho ao vesti-la. q)é aquele que se faz competitivo e dinâmico aos anseios da empresa; r)é aquele que cumpre as metas estabelecidas pela empresa; s)é aquele que ao enxergar defeitos na linha de produção compartilha soluções; t)é aquele que fixa-se na empresa com objetivos de longo prazo; u)é aquele que incentiva sua equipe a melhorar a produção da empresa; v)é aquele que confia naquilo que a empresa produz; w)é aquele que está sempre em busca

de novas habilidades em função da empresa;   x)é aquele que
exerce sua liderança em benefício do grupo, estimulando-os a agirem em
benefício aos anseios da empresa;
                              y)é aquele que se aproveita dos feedbacks
para amadurecer-se profissionalmente;   z)estar sempre
otimista frente às inovações da empresa.

e também,

                              é aquele que esteja sempre
comprometido com os anseios da empresa;   é
aquele que usa a diplomacia na mediação de conflitos;

31 CHANCES FEMININAS

                              Veja aqui como se posiciona a mulher no mundo do
trabalho...

Dicas para o 3º milênio
a)É maior a chance da mulher em empresas nacionais;
b)É grande a chance da mulher nas áreas de supervisão;
c)A maioria das promoções, estão associadas à transferências;
d)Há domínio feminino nas áreas da Educação, Enfermagem e Assistência Social;
e)O salário feminino tem sido maior que o masculino, na área de Diretoria;
f)Há uma evolução na preferência pela mulher na área de 1a recepção ao freguês
ou cliente;
g)A mulher está se qualificando muito mais que o homem em seu preparo para o
mercado de trabalho;
h)A evolução profissional da mulher tem sido mais rápida em pequenas e médias
empresas;
i)Algumas Profissões de domínio feminino:
cabeleireira, manicure, pedicure, esteticista, costureira, enfermeira, assistente
social, professora pré-infantil-primária, professora em geral, caixa,
demonstradora de produtos, vendedora de magazines, empregada
doméstica, faxineira.
j) TRAJES FEMININOS mais usados pelas mulheres durante uma entrevista:
TAILLLEUR
TERNO AZUL MARINHO
TERNO CORES VARIADAS
VESTIDO CLÁSSICO
CALÇA COMPRIDA
SAIA E BLUSA
TRAJE PASSEIO
TRAJE ESPORTE
MINI-SAIA
SANDÁLIAS
SALTO ALTO
TÊNIS
Atenção para o detalhe: O traje feminino menos recomendado é a mini-saia.
Usando bustier ou meio-busto, agrava-se mais ainda. Porém, se a entrevista for
para uma agência de modelos ou afim, a coisa se inverte. Ou se o cargo for para

salva-vidas de piscina, o traje ideal poderá ser o de um belo biquíni.

Observação: A mulher brasileira tem aumentado sua participação no mercado de trabalho. Para isso, o aumento da escolaridade, a redução do número de filhos, o aumento de vagas nas creches, aumentou a autonomia feminina.

Nas grandes empresas, ainda há muita desigualdade, tanto nos salários quanto nas promoções. Porém o nível de escolaridade feminina ultrapassou a masculina sendo que num futuro próximo, a desigualdade salarial cessará .

Mães com filhos pequenos podem ter maior chance de faltar ao emprego para cuidar das crianças. Porém, dependendo do tipo de trabalho a funcionária pode compensar as horas não trabalhadas ou, em se havendo creche disponível pela empresa, tudo se resolve ou ainda, a funcionária poderia até mesmo levar atividades para serem feitas em casa. Com boa vontade, soluções existem. No momento da contratação, não se deve esconder que possui filhos mesmo sabendo que poderá sofrer restrições. Porém, toda empresa sabe do amadurecimento e responsabilidade ampliados em uma mulher, pelo fato de ser mãe.

As Leis brasileiras não permitem discriminação ou preconceito contra a mulher trabalhadora.

SÓ PARA MULHERES

1-Nosso mundo está globalizado. Hoje, nossa produção não é apenas para o consumo de nossa tribo familiar ou bairrista. . Nossa tribo atual tem um nome: globalização. Todo o Planeta Terra tem fome de consumo e, obsessão pela qualidade. Na busca pela qualidade entra o domínio da tecnologia. E, tecnologia não tem sexo. Tem qualificação. E, as mulheres do mundo atual e do futuro, estão se qualificando mais que os homens: graduação, mestrado, doutorado, pós-doctor, especializações, línguas estrangeiras, cursinhos, reciclagens.

2-Focar-se na exigência do mercado, do consumidor e da concorrência, tudo isso faz com que o empregador diversifique sua mão de obra visando a qualidade em seus mínimos detalhes e, para que isto aconteça, o olho feminino diferencia-se do olho masculino. Unindo-se os dois olhos, quem sai ganhando é o produto final.

3-Atualmente, as mulheres alcançaram os homens no manejo das ocupações masculinizadas, como por exemplo: trabalhar na construção civil, dirigir caminhões de transportes, pilotar aviões, trens, máquinas pesadas, enfim, com a tecnologia avançada, dirigir uma carreta com 60 toneladas de carga, é tão leve quanto dirigir um automóvel de passeio.

4-A palavra "discriminação" foi, por Lei, riscada do vocabulário brasileiro porém, a palavra "restrição" ainda é praticada no cotidiano: Ao candidatar-se ao mercado de trabalho, detalhes como: idade, estado civil, número de filhos, idade dos filhos, se os filhos ficam na creche, se pretende casar-se, engravidar, se estuda, vive bem com o marido, se tem mãe por perto, tipo de moradia, são detalhes que pesam na balança das mulheres menos preparadas academicamente.

5-Do acesso aos bens de consumo, à segurança do lar, à autoestima, a autoconfiança, à independência, à autonomia, à certeza de um futuro promissor, tudo isto em decorrência dos rendimentos oriundos de seu trabalho, tem movido a mulher à cada dia com mais garra, rumo ao mercado de trabalho.

<u>Mulher</u>: Corra atrás dos seus sonhos e viva com felicidade. Ninguém fará isto por você. Valorize as pequenas conquistas diárias. Sonhos não tem pernas mas, vontade tem. Corra atrás de seus sonhos ou ele poderá virar um pesadelo. Seja uma

verdadeira girlboss. Seja a sua própria CEO. Garra, seriedade, sinceridade e idoneidade atrairá milhares de seguidores para qualquer que seja seu empreendimento. Calcule sempre a métrica de sua sororidade.

SAIBA QUE:

-as mulheres formam 51% da população brasileira;
                          -enfermeiras, professoras, cabeleireiras, ,manicures, funcionárias públicas, secretárias, atendentes de consultórios, relações-públicas, empregadas domésticas, diaristas, babás, donas de casas, formam o grosso do trabalho e emprego feminino;
                          -Estudantes de graduação e pós-graduação, especializações, idiomas, estão transformando a mulher muito mais capacitada que o homem;   -a mulher tem avançado aceleradamente na conquista de cargos de lideranças.   -Tecnologia não tem sexo: tem qualificação e, as mulheres estão se qualificando visando a conquista e a ampliação para si, deste mercado de trabalho.
                    -Mulheres empreendedoras têm muito mais chance de sucesso que os homens;   -A gravidez é um estado natural inerente â mulher no mercado de trabalho e, nunca deve preocupar uma mulher em sua estabilidade no emprego;
                                        -Há mais dificuldade da mulher sem formação acadêmica na conquista de um emprego do que o homem;-
-Por mais absurdo que seja, ainda há diferenças salariais entre mulher e homem no âmbito de salários bases das categorias profissionais porém, na área de chefia ou diretoria executiva, esta diferença desaparece.

-Casa, filhos, emprego, transformam a mulher em uma força guerreira imbatível.

32 ENTREVISTA DE EMPREGO

-Ao apresentar-se para uma entrevista de empregos, tenha às mãos os seguintes documentos:

CTPS (Carteira de Trabalho e Previdência Social
Carteira de Identidade (RG)
                    Cadastro de Pessoa Física (CPF)
                              Comprovante de residência
                                        Comprovante Escolar

Todo entrevistador espera encontrar em você, um novo talento:

a)Seja para a área de trabalhador braçal, de nível médio ou, de nível universitário, você deve possuir todos os requisitos desejáveis para a função. Quem possuir qualificações de sobra, é claro, ganha o emprego.

b)Além das qualificações para a função, entram em jogo também, o seu tipo humano: formal, adulto, técnico, criançola, fanfarrão, prestativo, pop, distraído, relaxado, caipira, extrovertido, alegre, esportivo, idealista, otimista, democrático, curioso, conservador, avançado, versátil, inovador, descomplicado, audacioso, simplório, mistificador, despeitado, ressentido, sabe-tudo, intolerante, inescrupuloso, alegre, inteligente, ousado, comunicativo, atencioso, medroso, encucado, informal.

Atenção: apesar de seu tipo humano ser uma característica de sua personalidade, ele pode ser modelado ou treinado para uma situação. Descubra quais as suas peculiaridades, e treine as melhores. Treine por escrito, rasgue, rascunhe de novo, rasgue, treine até você conseguir modelar-se, seja no sorriso, no franzir da testa, no piscar, na voz, no cumprimentar, no olhar, no expor suas ideias, no discutir uma situação. Ao treinar, você estará se preparando para a entrevista.

c)Durante a entrevista, o entrevistador te forçará a contar tudo o que você entende sobre a profissão: você falará sobre o seu tempo de serviço no ramo, suas experiências, suas ferramentas, seus recursos, suas habilidades, seus empregos anteriores, seus estágios, suas escolas, diplomas e cursos de especialização, o porquê você deseja mudar de emprego, sua estratégia, seu tipo de abordagem, o seu foco, o que a empresa pode esperar de você enfim, ele verificará o seu potencial. Se for interessante para a empresa, o emprego é teu. Portanto, preparar-se para uma entrevista, é fundamental. É tão importante quanto você preparar-se para um vestibular. Leve este conselho a sério.

d)Além de capacitado, o entrevistador espera em você, coragem e espírito empreendedor.

E ainda,
a)Ao saber de uma vaga de meu interesse, o nervosismo já vem. Isto é normal.
b)Ao ser entrevistado, nunca aja passivamente, apenas respondendo ao que lhe foi perguntado. Mostre-se dinâmico, sempre interagindo, porém, sem falar demais. Excesso de empolgação é ruim.
c)Nunca ressalte a sua necessidade vital pelo emprego. Nenhuma empresa necessita de perdedores.
d)Ao ser entrevistado, nunca force intimidades com o entrevistador e também, não ceda às intimidades. Pode ser teste.
e)Evite falar: "Todo mundo gostaria de ter um emprego como este".
f)Se estamos à caça de um emprego, devemos usar táticas de caçadores: carregar chamarizes ou fazer cevas: perguntar, telefonar, ler anúncios, conversar, procurar, pesquisar, comunicar-se, etc.
g)Estamos entrando numa era, onde o culto pela competitividade e a paixão pelo perfeccionismo tomam conta dos espaços.
h)Saber duas Línguas estrangeiras, Inglês e Espanhol ou outras, facilita nossa vida na procura por um emprego.
i)Saber "tudo" de informática e Internet, já faz parte de nossa alfabetização para o mercado de trabalho.
j)Investir em si mesmo, aprender coisas novas, faz parte das exigências do mercado de trabalho. Os melhores postos de trabalho são sempre ocupados pelas pessoas mais preparadas.   k)Apresente-se com roupas

limpas, banho tomado, respire fundo, mantenha a calma, não sorria após suas respostas, aperto de mão firme e respostas com voz firme. Sente-se corretamente. Este emprego será teu.

ENTREVISTA DICAS
Durante uma entrevista ou durante uma Dinâmica de Grupo, sempre aparecem perguntinhas difíceis de responder. Veja algumas:
a)Fale-me sobre você;
b)O que você espera deste emprego;
c)Quais são as suas maiores qualidades; E seus maiores defeitos?
d)O que você mais valoriza nos amigos? E o que mais deplora?
e)Qual a sua pretensão salarial;
f)O que você lamenta não ter feito até hoje?
g)Quais os seus hobbys preferidos; Qual a sua maior extravagância?
h)Por que você quer trabalhar nesta empresa;
i)Qual o seu filme preferido?
j)Qual o seu livro preferido; e seu escritor predileto?
k)De quem você é fã? Quem é seu maior herói na vida real?
l)Você tem namorado; ou namorada; E se você tiver que ir trabalhar em outro Estado? Você fica sem ele/a por muito tempo?
m)Qual foi o pior momento de sua vida? E o melhor momento?
n)O que você acha do Presidente da República?
o)O principal teste que o entrevistador fará com você, é o da atenção. Estar atento é fundamental para o seu sucesso dentro de uma Empresa. Uma "piscada de olhos" no momento errado, indicará a sua desatenção e você poderá ser rejeitado.
p)Nunca pergunte quanto você irá ganhar por mês.
q)Nunca pergunte se a Empresa respeita os direitos trabalhistas.
r)Nunca diga que você não gosta de fazer horas extras.
s)Nunca fale sobres as coisas que você não gosta de fazer.
t)Nunca diga que você não gosta de levar trabalho para casa.
u)Prepare sempre uma boa pergunta sobre a Empresa.
v)Nunca diga que já terminou todos os seus estudos e agora chega.
w)Mantenha seu semblante tranquilo, sem sorriso e sem espanto
x)Não caia nas pequenas armadilhas do entrevistador. Sinceridade é a sua moeda de maior valor durante a entrevista.
z)A maioria dos candidatos passam por uma entrevista. Você ainda não é especialista no cargo da empresa. Portanto, comporte-se como iniciante.

-Nunca tive um emprego antes. Não tenho nenhuma experiência neste assunto mas, garanto que aprendo logo. Em uma entrevista, seja honesto.

ENTREVISTAS: SEMPRE É BOM LEMBRAR:
Ficar nervoso só te prejudica. Respire fundo e mantenha sua autoconfiança.
Em seu tempo livre, qual é o seu hobby? Tenha sempre em mente que todo ser humano tem muitos hobbys. Fale tranquilamente sobre os seus.
Nossa Empresa necessita de pessoas que tenham tempo disponíveis para viagens. O que você pensa disto?
Você já conversou com alguém que trabalha nesta área? Ou em alguma área

parecida?
Em que seus estudos mudaram sua vida?
Se você já passou por algum apuro, como se saiu dele?
Tente informar-se sobre o ramo de serviço que esta empresa presta.
Nunca critique seu antigo chefe.
O entrevistador pode te pedir para contar-lhe uma piada. Evite piadas bizarras.
O que você espera desta empresa?
Nossos funcionários trabalham em produções por prazos estabelecidos. Como
será o seu comportamento se for pressionado?
Se perder a entrevista, tente marcar outra. Mas tenha uma boa justificativa.
Porém, é quase certo que outra chance não virá.
Por que você se acha melhor preparado que os outros pretendentes a este
emprego?
Fale-me sobre o seu último emprego.
Fale-me sobre os seus preconceitos.
O salário praticado por esta empresa, para os iniciantes é R$ tal. O que você
acha?

Se você tiver que justificar o tempo em que esteve desempregado, não se acanhe.
Isto não será obstáculo. Basta ser sincero: doença, nascimento de filhos, viagens,
cursos, ou mesmo dificuldade em sua área.. Apenas seja transparente.

É BOM LEMBRAR QUE:
Perguntar sobre a empresa, como é, o que faz, qual o campo de atuação, quantos
funcionários possui, que tipo de tecnologia utiliza para o exercício da vaga
oferecida, se há pesquisa de mercado, se há pesquisa cientifica visando a melhoria
da qualidade dos produtos oferecidos pela empresa, se há um plano de carreira
programado pela empresa. Estes tipos de perguntinhas, não ofendem ao
entrevistador, muito pelo contrário, ele poderá vê-lo com maior interesse. Nunca
se esqueça: O interesse da empresa por você pode ser muito maior do que o seu
interesse em trabalhar na empresa. Tudo depende das qualificações de ambas as
partes.
(Estude. Planeje e tenha sempre de prontidão boas respostas)

ENTRE NO YOUTUBE E ASSISTA A MUITAS ENTREVISTAS EM VÍDEO,
Faça isto e você estará fortalecido em sua autoconfiança.
Toda entrevista nada mais é do que uma boa conversa. O entrevistador pergunta
e você responde. Ou, o entrevistador pede para que você lhe faça perguntas.
Mera conversa para conhecer-te um pouco. Exemplos de respostas:
Quem é você? Descreva-se.
R. O meu nome é fulano de tal. Sou (solteiro). Tenho... anos. Nasci no (interior),
em .... Como toda pessoa normal adoro estudar, passear, conviver com rodas de
amigos, praticar esportes, dançar, torcer pelo meu time, ir ao clube, ir à Igreja,
conviver com minha família, Considero-me com uma inteligência normal. Fiz
minha (faculdade) de ....que era o meu sonho de adolescente. Estagiei
durante...anos e agora estou aquí, como pretendente a este emprego. (Somente
sinceridade) (muitas perguntinhas poderão ser feitas sobre suas respostas acima.)
-Ao ser convocado para uma entrevista, pesquise sobre a empresa e seja sincero.
-fale sobre suas experiencias na área e sobre o que você pode fazer. Nunca diga

que você poderá mudar tudo ou trazer grandes lucros. Para a empresa você é apenas um iniciante e poderá ser útil ou não.

-Se você quer apenas mudar de emprego, tenha bons motivos para isto. Nunca critique seu emprego anterior. Diga apenas que vê na nova empresa, um bom local para o seu crescimento profissional.

-Se você foi demitido, fale sobre a política da Empresa anterior e o por que de sua demissão e no aproveitamento do potencial de experiências adquiridas a ser explorado por esta empresa.

-O seu interesse por esta empresa acontece por causa de suas qualificações para a função.

-Dê exemplos de suas habilidades na área de sua qualificação principalmente onde se enquadra com o perfil exigido pela empresa.

E, em pouco tempo, estarei totalmente integrado aos objetivos da empresa.

-Para solucionar problemas indique sempre uma situação de solução compartilhada.

-Contar vantagens pessoais pode ser vista como fanfarrice. Todo o seu potencial foi adquirido através de experiências compartilhadas e, dentro da empresa você pretende continuar assim.

-Do chefe amigo ao chefe rigoroso, em meus empregos anteriores a presença do chefe ou do supervisor sempre foi fundamental para o meu crescimento.

-Crescer dentro da empresa é meu objetivo e, para isto, dentro de minha atuação, as decisões certas são fundamentais.

-Trabalhar em equipe significa compartilhar conhecimentos e, com os conhecimentos adquiridos do grupo, estarei apto a trabalhar sozinho.

-Vocé estará sempre focado nos objetivos da empresa para aumentar sua competência e agilidade.

Ao enxergar erros na chefia, devo alertá-los sempre e sugerir-lhes o acerto.

-Fale sobre seus defeitos: (nervosismo, palavrões, ansiedade, timidez, fobias, doenças, desatenção e outros) Você poderá recusar-se a falar.

-Atualmente, todo computador pode ser transformado em um braço ou num dente da engrenagem da empresa, independente do local, seja na empresa ou em casa, trabalho é trabalho, independente do horário e, se for necessário levarei trabalho para casa.

Manter a calma e a tranquilidade significa controlar momentos de tensões e administrar stresses. Todo jogador de esporte coletivo conhece muito bem a importância do trabalho em equipe. Ninguém marca gol sem a ajuda do grupo. E, uma empresa nada mais é que uma equipe voltada para o sucesso. Marcar gols é sempre gratificante em numa empresa, mesmo sendo goleiro, farei gols ao defender pênaltis. Meu maior desafio foi jogar em time fraco e lutar para vencer fortes adversários. Trabalhar em meio a situações que envolvam tensões pode fazer parte do cotidiano e, como funcionário, devo vestir a camisa da empresa e brigar pela solução.

Entre em um site de pesquisas e digite:

Entrevistas de emprego/you tube

entrevistas de empregos/Brasil

job interviews / United States

job interviews / England

Vorstellungsgespräche/Deutschland

Entretiens d'embauche / France

Sollicitatiegesprekken / Nederland

Colloqui di lavoro / Italia

Entrevistas de trabajo / España

Abra todos os links com entrevistas de empregos nos países estrangeiros, traduza e estude os modelos apresentados.   Tudo é válido quando se trata de conseguir emprego.

- Pesquise na Internet modelos de entrevistas de emprego. Entre em sites brasileiros e estrangeiros. No youtube há muitas entrevistas em vídeo. Aqui neste manual, você encontrará dicas e mais dicas e modelos de entrevistas de emprego. Prepare-se para uma boa entrevista. Pesquise com antecedência tudo sobre o perfil da vaga oferecida e principalmente sobre suas qualificações.

33 COMO SERÁ A MINHA ENTRADA PARA O MERCADO DE TRABALHO?

Você terá que seguir as regras do mercado, ou seja, procurar emprego. O mercado de trabalho me aceitará sem experiência anterior? É claro que sim. Ninguém nasceu trabalhando...

a)Você terá que seguir as regras do mercado, ou seja, procurar emprego.
b)O mercado de trabalho me aceitará sem experiência anterior? É claro que sim. Ninguém nasceu trabalhando. E, todos tiveram o seu primeiro emprego. Todo empregador sabe disto.
c)Há neste livro, muitos modelos de qualificações para cada caso. Jovem de 16 anos, moças, Office-boy, recém-formado, etc. São qualificações que se encaixam em qualquer empresa. E todas as empresas necessitam de jovens trabalhando. Seja para digitador, empacotador, fileiro, entregador, copeiro, recepcionista, acompanhante, cobrador, vendedor, auxiliar, repositor de produtos, pesquisador de mercado, servente, carregador de pesos, enfim, há espaço para qualquer pessoa sem experiência anterior. Observe isto nas empresas e confirme. Experiência? Todo jovem aprende tudo com muita facilidade.
d)O 1o emprego é o de maior expectativa em nossa vida. Tudo é novidade. Horários, compromissos, dias de folgas, medo de errar, ansiedades. Tudo muito normal. Nosso 1o salário é inesquecível. Contamos os dias para recebê-lo.

SAIBA
QUE:
                    -Em todos os lugares do mundo, há pessoas trabalhando.
Desde o trabalho braçal, ao especializado até ao intelectual, todos passaram pelas
ansiedades provocadas pelos primeiros momentos no emprego.

-Tenha sempre uma certeza: pode haver muito mais interesse da empresa por
suas qualificações, do que seu interesse pelas qualificações da empresa. Porém,
tudo é recíproco.

Seja a empresa, pequena, média, grande, nacional ou multinacional, ela necessita
de colaboradores para impulsioná-la. E, os principais colaboradores são seus
empregados.

Não há nenhum favor da empresa ao aceita-lo como empregado e também você
não está fazendo nenhum favor à empresa por ali trabalhar.

34 O MEU PRIMEIRO EMPREGO

                    Ao completar 16 anos, todo jovem, habilita-se na
idade, para o mercado de trabalho. Será o seu 1o emprego. Ao terminar os
estudos nos ensinos fundamentais, médios ou técnicos, todo jovem capacita-se
culturalmente para o mercado de trabalho. Ao terminar a Faculdade, todo jovem
habilita-se na área estudada ao mercado de trabalho. E, com certeza vem o
primeiro emprego. Veja aqui nossos anseios, inseguranças e comportamentos
vividos por todos ao encontrar o primeiro emprego...

Ao completar 16 anos, todo jovem, habilita-se na idade, para o mercado de
trabalho. Será o seu 1o emprego.
Ao terminar os estudos nos ensinos fundamentais, médios ou técnicos, todo jovem
capacita-se culturalmente para o mercado de trabalho. É o objetivo dos Cursos
Profissionalizantes.
Ao terminar a Faculdade, todo jovem habilita-se na área estudada ao mercado de
trabalho.
A sua pouca idade pode ser uma ótima qualificação para um bom emprego.
Estas são as regras. E funcionam.
Para o primeiro emprego, siga sempre algumas regras: Documentação em ordem
(R.G., C.P.F. Carteira de Trabalho, Xerox de Certificado de conclusão de algum
Curso, e um Currículo.)
Há neste livro, (páginas 37 qualificações e 55 currículo em branco), modelo de
Currículo para o primeiro emprego. Basta copiá-lo e enquadrar-se nele.
ABRA UM SITE DE BUSCA e digite:
Meu primeiro emprego/cidade
Meu primeiro emprego/estado
1º emprego/vagas
Qualificação profissional/1º emprego
1º emprego/São Paulo
1º emprego/currículo
Não confunda estágio com emprego. Nunca aceite um emprego que não lhe

agrade. O primeiro emprego representa um momento espetacular em nossa vida. É a nossa entrada para o mundo da independência. É o nosso segundo passo rumo à responsabilidade.

SAIBA QUE

-Todos os trabalhadores tiveram o seu momento de procurar o primeiro emprego; ansiedade, insegurança, nervosismo, frio na barriga, tudo isto é normal quando acontece com a gente. Tenha confiança sempre. Se não der certo na primeira tentativa, tente a segunda, a terceira, a quarta e você verá que a cada nova tentativa sua autoconfiança e desbloqueio irão aumentando.   Boa Sorte!

35 PROCESSO SELETIVO DENTRO DE UMA EMPRESA

Veja aqui nossos anseios, inseguranças e comportamentos vividos por todos ao encontrar o primeiro emprego...

Todo processo seletivo, geralmente é composto por várias etapas básicas:
a)Anúncio das vagas existentes através de sites da própria empresa, jornais, agências de empregos, agências de consultorias de RH, etc.
b)Preenchimento de fichas com dados cadastrais dos interessados;
c)Análise do cadastro com o potencial curricular do interessado;
d)Convocação dos melhores candidatos para uma entrevista;
e)Entrevista com o gerente ou analista de RH da empresa;
f)Quando há muitos bons candidatos, todos passam por uma Dinâmica de Grupo;
g)Após passar pela Dinâmica de Grupo, há ainda mais uma entrevista com o chefe de setor ou gerente da empresa e até mesmo uma entrevista em grupo com todos os candidatos selecionados.
h)Antes de sua aprovação final, poderá haver uma revisão de todo o seu perfil: antecedentes acadêmicos, profissionais, currículo, entrevistas, dinâmicas, etc.
i)Treinamento na função que exercerá na empresa;
j)Havendo sucesso no treinamento, será então encaminhado ao Departamento Pessoal para a contratação;
k)Encaminhamento do novo contratado ao seu devido setor e apresentação aos colegas.

SAIBA
QUE:

-Recrutadores de pessoal de R.H. são especialistas em escolher o melhor perfil de trabalhador para a empresa. São eles quem fazem os primeiros contatos com os candidatos às vagas de emprego. Após o interesse por seu currículo, vem o contato inicial onde pode ser marcada uma entrevista individual. Se o seu perfil, demonstrado no currículo e na entrevista estiver de acordo com o perfil da empresa, vem a negociação salarial e a contratação para depois então é feito o seu encaminhamento para um setor de adaptação, treinamento ou aprendizagem operacional.

-No processo seletivo, a empresa coleta dados sobre o perfil apresentado pelo candidato, tais como, horários, disponibilidade geral, salário, preparo físico adequado para a função, saúde, distancia da residência, versatilidade, formação acadêmica, idiomas, experiência anterior e principalmente, vontade de trabalhar.

36 DINÂMICA DE GRUPO

É a avaliação de um candidato diante dos demais concorrentes. Aqui, avalia-se o potencial que o candidato tem em expressar suas ideias e seu relacionamento com o grupo. Conheça muitas dicas que poderão ser-lhes úteis...

O que uma dinâmica de grupo pode observar em seu perfil:

participação, resilência, interação, liderança, ética, entusiasmo, ação crítica, compartilhamento, relacionamento interpessoal, aceitar desafios, atenção, focagem, cordialidade, anseios profissionais...

É a AVALIAÇÃO de um candidato diante dos demais concorrentes. Aqui, avalia-se o potencial que o candidato tem em expressar suas ideias e seu relacionamento com o grupo.

Todo departamento de RH de uma empresa, tem a responsabilidade de selecionar, dentre muitos, o melhor candidato para cada cargo disponível. Dentre os melhores candidatos selecionados em suas entrevistas ou pelos seus currículos ou pelas suas qualificações, uma dinâmica de grupo pode ser necessária para detectar lideranças, iniciativas, ou comportamentos na administração de tensões. Muitas vezes, as dinâmicas de grupo são efetuadas no sentido de amenizar um ambiente quando a integração do grupo se faz necessária. Qualquer candidato pode se recusar a participar da dinâmica de grupo feita pelo RH e, mesmo assim ser contratado. Pode fazer parte de uma dinâmica de grupo, uma apresentação teatral, individual ou em grupos, um trabalho manual, também individual ou em grupo, a solução para um problema corriqueiro, um jogo de memória, uma interpretação de texto, a simulação de uma venda, o melhor resultado em uma compra, um concurso de piadas, enfim, uma infinidade de situações.

Numa discussão em grupo, um dentre muitos será selecionado. Veja qual o melhor em:

a)Controlar impulsos, rotular, expressar, avaliar, lidar, controlar, administrar sentimentos, tomar decisões, controlar tensões, administrar conflitos, reconhecer diferenças, administrar frustrações, ter autocontrole, partilhar ideias, ser prestativo, atencioso, harmonioso, compreensivo, possuir espírito de previsão, capacidade organizadora, aptidão para o comando;

DINÂMICA DE GRUPO DICAS

1-Fale-nos sobre você. (Estude em casa, treine com um gravador)

2-Você fala. Extrovertido, comunicativo, criativo, alegre, seguro e, no final, reprovado. Onde errei?

3)É verificada a postura da pessoa diante de uma situação hipotética. Como se comporta, quando pressionada, sob acusação, ou algum aperto.

4)Toda Dinâmica de Grupo serve tanto para seleção, quanto para treinamento.

5)Em uma Dinâmica de Grupo as pessoas interagem umas com as outras.

6)Não há uma Dinâmica de Grupo igual à outra. Cada uma é feita para um fim.

7)Numa Dinâmica de Grupo, não é conveniente forjar uma situação irreal.
8)Quanto mais autêntico e sem máscaras, melhores serão as suas chances.
9)A maioria dos tímidos, calados ou inseguros são reprovados. Mas, há uma solução: Treine em casa. Exercite-se.
10)Domine o seu entusiasmo. Nunca invada o espaço dos outros. Saiba ouvir e falar na hora certa.
11)Só tire conclusões após ouvir a opinião dos demais.
12)Compare as opiniões do grupo com as suas e daí, posicione-se.
13)Converse com amigos que já passaram por uma Dinâmica de Grupo e explore as dicas úteis. Isto é importante.
14)Se você perceber insegurança ou erros de sua parte, não desanime. Os outros também estão errando. Tente compensar na próxima etapa.
15)Comporte-se sempre de maneira natural, autêntico, sem máscaras.
16)Antes de passar por uma Dinâmica de Grupo, tente sempre conhecer um pouco da Empresa, suas políticas, horários, promoções, cargos, salários, benefícios, etc.
17)Numa Dinâmica de Grupo, muitas vezes, o coordenador tumultua e sai da rota, de propósito. É hora de você aparecer e reorganizar os rumos.
18)Cordialidade, boa educação, inteligência, organização, cooperação, são itens básicos avaliados em uma Dinâmica de Grupo.
19)Perguntar é uma das suas obrigações durante uma Dinâmica de Grupo. Sem perguntas, você fatalmente cometerá muitos erros.
20)Apesar de ser um treinamento ou teste, em uma Dinâmica de Grupo pode haver muitas brincadeiras. Seja autêntico sempre. Ria, gargalhe, resmungue, discuta. Há situações em que até mesmo xingar entra no teste.
21)Um sério erro, é você tentar impressionar o examinador. Você deve vivenciar apenas o processo de seleção.
22)Onde houver jogos de leituras, leia várias vezes os mesmos quesitos. Nunca fique apenas com uma leitura, pois pode haver armadilhas imperceptíveis.
23)Se houver momento para um cafezinho, participe. Não exagere e também não economize.
24)Nunca se lastime, nunca critique seus concorrentes. Nunca subestime ou superestime suas habilidades.
25)Durante uma Dinâmica de Grupo, não masque chicletes, não fume, não use óculos de sol. Tenha os cabelos penteados, barba feita, sapatos limpos, dentes escovados, roupas em ordem. Se mulher, evite a minissaia ou o meio busto.
26)Esteja descansado, sem sede, sem sono, sem fome, sem nenhum aperto, nenhuma dor. Evite o hálito de álcool.
27) Entre no YOUTUBE/DINÂMICA DE GRUPOS e assista em vídeo a muitas dinâmicas de grupo. Isto o fortalecerá diante de seus concorrentes.

ABRA UM SITE DE BUSCAS E DIGITE:

Dinâmica de grupo

Dinâmica de grupo/trabalho

Dinâmica de grupo/motivação

Dinâmica de grupo/jovens

Dinâmica de grupo/seleção de emprego

Ir bem em uma dinâmica de grupo

Dinâmica de grupos em agências de empregos

Empregos internacionais/dinâmica de grupo

Dinâmicas de grupos internacionais

Youtube/dinâmicas de grupo
Dinâmica de grupos/you tube
Linkedin/dinâmicas de grupos
dinâmicas de grupos/linkedin
modelos de dinâmicas de grupos
exemplos de dinâmicas de grupos

E ainda: Entre no YouTube e
digite: YouTube/modelos de
dinâmicas de grupos
YouTube/seleção de empregos/dinâmicas de grupos
                        YouTube/dinâmicas de grupos
internacionais
YouTube/nome da empresa/dinâmica de grupo
                              YouTube/as dez melhores dinâmicas de
grupo   100 dinâmicas
de grupos

Observação: Estude com afinco a todas elas. Você estará concorrendo com
dezenas de candidatos ao mesmo emprego. Leve isto a sério. Exercite-se em
dinâmicas de grupo e você terá muito mais chances

MAIS DINAMICA DE GRUPO

- Em uma dinâmica de grupo, o candidato resumidamente falará de seu perfil
acadêmico, profissional e também pessoal. Será induzido a dizer porque quer o
novo emprego e quais os seus objetivos futuros, seja profissional ou acadêmicos.

- Será avaliado alguns possíveis potenciais: resiliência, entusiasmo, liderança,
trabalho em equipe e ética. Bate papos, troca de ideias, discussões e focagem,
serão observados.

- Sorria, você está sendo filmado mas, sorrisos fáceis poderão ir contra o perfil
exigido pela empresa. E, nas filmagens, tudo em você poderá estar sendo
avaliado: sua participação, sua postura, sua roupa.

- E de todos os candidatos, por que você será escolhido? Já pensou nisto?

- O recrutador observa talentos escondidos. E você deverá mostrar seu principal
talento e que seja de interesse da empresa. Se não mostrar, outro candidato
poderá mostrar. Portanto, estudar, pesquisar tudo sobre o perfil da vaga
oferecida e conhecer a empresa e seus objetivos e, interação, são fundamentais.
Nunca interrompa o entrevistador, a não ser que, algo essencial deva ser
interrompido. Esqueça o seu celular. O seu número já foi anotado pela empresa e
provavelmente eles irão te ligar em meio à dinâmica de grupo, como armadilha-
teste de sua administração de tensões. Nunca ria de suas próprias respostas e

também procure não ser evasivo. A cordialidade e a boa educação cabem em todos os lugares.

- Nunca tente adivinhar ou chutar um acerto. Fale menos e ouça mais, sem ficar calado. Pesquise muito sobre os alvos finais da empresa. Acalme suas expectativas sobre salários. Postura corporal também entra em jogo. Piadas, palavrões podem fazer parte de uma dinâmica. Nunca exagere em nada e nem se sinta ofendido. Insinuações sobre sua opção de gênero deve ser encarada com naturalidade. Não se impressione com assédio sexual ou cantadas pois, poderão apenas tratar-se de teste para observar a sua reação. Nunca minta, não seja fanfarrão, nunca fale mal de seu ex emprego, de seu ex chefe ou de colegas de trabalho.

- Seja discreto/a em seu traje pessoal. Banho tomado, dentes escovados, cabelos penteados, barba aparada, calçados em bom estado e roupas limpas são suficientes.

- Defeitos e virtudes todos temos. Porém, os defeitos serão muito   negativos ao seu perfil. Se expor defeitos, justifique-os e inclua aí a correção dos mesmos. De repente, um tema para pesquisa no Google. Pesquise, não saia do foco central e tente apresentar várias alternativas pesquisadas. Pergunte, pergunte, pergunte. Nunca execute uma tarefa com qualquer tipo de dúvida. Suas competências e qualificações serão colocadas à prova. Acredite que a vaga será tua e aja sempre como se já fosse. Pesquise muito sobre o alvo final da empresa e cite como planos futuros, exatamente aquilo que se enquadre ao alvo da empresa.

- Sua vida pessoal, seus divertimentos, esportes praticados, namoro, amigos, passeios, família, trabalho voluntário, tudo poderá ser citado em uma dinâmica.

- Ao preencher seu currículo, não minta sobre suas qualificações pois, elas serão testadas.

- Se tiver experiência com trabalho anterior, defina as suas atribuições no mesmo.

- Outros idiomas atraem a atenção do entrevistador pois, o mundo empresarial é global.

 - Ao gravar em vídeo a sua apresentação pessoal, além de seus dados pessoais, competências e qualificações, seus objetivos acadêmicos futuros atrairão a atenção do entrevistador.

- Esteja sempre disponível à Empresa: horários, viagens, reciclagens, palestras, cursos, reuniões.

Juntamente com as qualificações em seu currículo, anexe uma cartinha de pedido de emprego ao Departamento Pessoal da Empresa. Não se esqueça: Esta carta faz parte do pedido de emprego. Pode fazer a diferença. Veja modelos de cartas para todos os tipos de qualificações: desempregados, primeiro emprego, donas de casa, motoristas...

a)No envelope, não se esqueça: Nome da Empresa, endereço, CEP e, escreva A/C RH

Juntamente com todo Currículo enviado, deve ser anexado uma CARTA pedindo emprego. É um sistema antigo, porém, pode fazer a diferença. São algumas palavras a mais que serão lidas. Procure escrever sobre a sua vontade em estabilizar-se num emprego, seus anseios em novas conquistas, suas expectativas em inserir-se neste ramo de trabalho. Nunca demonstre insegurança nas linhas da carta. Faça um rascunho e reescreva. Faça outro rascunho e reescreva novamente e você verá que a cada nova rascunhada, sua autoconfiança aumentará.

Assine a carta. Coloque seu endereço abaixo da assinatura e agradeça a oportunidade de fazer jus à confiança a que depositarão em você.

Abaixo contém muitos modelos de cartas, para vários tipos de empregos. Veja em qual você se enquadra e acrescente as suas linhas.

b) modelo de CARTA PEDINDO EMPREGO

Não se esqueça: Esta carta faz parte do pedido de emprego. Pode fazer a diferença.

Localidade, 01 de Janeiro de ....

À

Indústria de Automóveis ViHuPe

A/C Departamento Pessoal

São Paulo

Prezados Senhores:

Valho-me da presente para encaminhar a VV.SS. meu Curriculum-Vitae, a fim de candidatar-me ao cargo de "Desenhista Industrial" dessa conceituada Empresa.

Na expectativa de uma resposta favorável, subscrevo-me,

Atenciosamente,

....

Assinatura e R.G.

Celular........................e-Mail...

Endereço...

(Mande este modelo de Carta juntamente com seu Currículo)

c) Modelo de CARTA PEDINDO EMPREGO (costureira)

Localidade, 01 de Janeiro de ....

À

Fábrica de roupas Vista Bem

A/C Departamento Pessoal – Setor de Empregos
Belo Horizonte MG.

Prezados Senhores:
Vendo o anúncio no portão desta Empresa, de Vagas para Costureiras e,
acreditando possuir todas as qualificações para a função pois, já trabalhei por
mais de 5 anos em várias oficinas de costuras, coloco-me à inteira disposição para
ocupação imediata ou futura da vaga
anunciada.
Atenciosamente,
Ass…………………………………………..
Nome completo…………………………………………
Endereço: Rua…………………………………………No…..
CEP………………….Cidade…………… Telefone…………………
e-Mail…………………………………..
(Vá pessoalmente na Empresa e entregue uma Carta deste tipo, ou envie pelo
Correio) Com certeza sua Carta será lida. "Este tipo de Carta funciona como um
Curriculum-Vitae"

d) Modelo de CARTA PEDINDO EMPREGO (operário)
Localidade, 0l de Janeiro de …………
À Indústria de Óleo Cozinhol
A/C Gerente de Empregos Campinas S.P.
Prezados Senhores:
Tomando conhecimento da oferta de vagas para Operário desta Empresa e,
acreditando possuir as qualificações exigidas para o preenchimento da função
pois, já trabalhei no ramo, junto à Indústria Só-Ol e na Indústria Q-Ol por mais
de 3 anos, coloco-me à inteira disposição para ocupação imediata ou futura da
vaga anunciada.
Atenciosamente
Assinatura…………………………………………
Nome completo………………………………………………
Rua…………………………………………………………………..N……..
Cep…………………Cidade……………………………………………………
Celular………………………..e-Mail……………………………………..

e) CARTA PEDINDO EMPREGO (Meu primeiro emprego)
Localidade, 01 de Janeiro de …………
À
Rede de Magazine American
A/C Departamento Pessoal
Rio de Janeiro

Prezados Senhores:
Tomando conhecimento da abertura de vagas por esta Empresa, e julgando-me
apto para uma das vagas e coloco-me à V. inteira disposição para início imediato.
Tenho 16 anos completos, estudante do Ensino Médio, Curso Noturno e anseio
por meu primeiro emprego nesta Empresa. Aprendo tudo com facilidade. Possuo

ótimos conhecimentos das ruas desta cidade, pontos de referências, comércio e indústria, Bancos, Escritórios, Escolas, etc. Tenho boa habilidade em informática.
Na expectativa de uma resposta favorável, subscrevo-me,
Atenciosamente,
Assinatura.................................…...
Nome Completo=........................…...
Rua.....................................No...... Cep..................
Celular................................e-Mail..

(Este modelo de Carta substitui um Curriculum-Vitae)

f) modelo de carta pedindo emprego **UNIVERSITÁRIO RECÉM-FORMADO**
Localidade, 01 de Janeiro de ....
À
Empresa X T P O Ltda
A/C Departamento de Recursos Humanos
Florianópolis SC.

Prezados Senhores:
Tomando conhecimento da abertura de vagas por esta Empresa, para a área de ....e, julgando-me apto e qualificado, coloco-me prontamente à V. disposição para contatos referenciais.
Sou recém-formado na área de ....e com.......anos de estágios junto às empresas do ramo.
Este será meu primeiro emprego e, anseio por trabalhar nesta Empresa.
Na expectativa de uma resposta favorável, subscrevo-me,
Atenciosamente,
assinatura e RG...
Celular..........................e-Mail...
(anexe uma Carta deste modelo ao seu Curriculum-Vitae e envie para as melhores empresas de sua área)

Abra um site de busca e digite
modelos de carta pedindo emprego
modelos de carta solicitando emprego
carta solicitando emprego
solicitação de emprego/carta
carta pedindo emprego
emprego/carta de recomendação
emprego/carta de referência
emprego/carta de apresentação
copie os melhores modelos e faça as adaptações para o seu perfil

                    Aprenda aqui como fazer um bom currículo. Temos muitos modelos prontos, Veja aqui. Basta preenchê-los. Basta colocar suas qualificações. São centenas delas e com suas melhores jogadas...

- Nunca envie o mesmo currículo para todas as empresas. Pesquise cada empresa com um novo perfil da vaga e prepare um novo currículo para cada empresa.

-Abra um site de buscas e digite: "guia da carreira" e encontre o nome da profissão. Estude suas funções.

"classificação brasileira das ocupações" e veja a legalização da mesma

"nome da vaga de emprego"/o que faz?

Exemplo: "o que faz um designer gráfico"?   O que faz o (nome da profissão)?

 Entre no YouTube e digite "emprego" abra e pesquise todos os links

TODO CURRÍCULO DEVE SER ENVIADO COM URGÊNCIA. Envie uma vez, duas, três vezes, com espaços de uma semana, para uma mesma empresa. Após isto, envie mensalmente. Nunca desista. Envie seu currículo para dezenas, centenas de empresas. Quando você menos esperar, eis o seu chamado para uma entrevista de emprego. É aconselhável, enquanto você estiver desempregado, passar horas diariamente, atrás de um computador, enviando currículos, via e-mail.

O currículo é o primeiro contato da empresa com você. É nele que a empresa o verá como possível funcionário. O currículo pode ser entendido como um seu cartão de visita, ou seu retrato para os interesses da empresa.

É teu objetivo ao ser admitido nesta empresa, estabilizar-se no emprego e crescer profissionalmente. Pense sempre assim. E é o que a empresa espera de você.

Para cada empresa, um currículo diferente pois, nenhuma empresa é igual a outra.

INSIRA SEU CURRÍCULO NA REDE SOCIAL. VEJA COMO:ABRA UM SITE DE BUSCA E DIGITE:

Linkedin/como cadastrar um currículo?

Twitter/como cadastrar um currículo?

Facebook/como cadastrar um currículo?

Google plus/ como cadastrar um currículo?

Rede social/como postar um currículo?

Como entrar em um blog de emprego?

Currículo/rede social

Currículo/linkedin

Currículo/twuitter

Currículo/facebook

Youtube/currículos

Modelo de currículos no youtube

Como criar um blog de emprego?

Blogs de emprego

Empregos/blog

Blogs de pessoas procurando emprego

Para inserir seu currículo nas redes sociais, siga os passos abaixo:

a)Acesse o site da rede profissional e permita que o aplicativo acesse as informações de sua conta;

b)O seu currículo poderá ser criado baseando-se nas informações de seu perfil porém, você poderá alterar aquilo que quiser, adicionando ou removendo qualquer item, salvando as suas opções;

c)Você poderá visualizar seu currículo; se estiver em outro idioma, traduza-o antes de baixa-lo em pdf;

d)A partir daí, utilize suas informações em qualquer aplicativo profissional das redes sociais;

e)Todo aplicativo profissional permitirá o seu contato com seus ex-colegas acadêmicos ou de trabalho, e colocará o seu perfil profissional à disposição de seus futuros chefes;

f)Poderá haver centenas de pessoas à procura de emprego e centenas de empresas à procura de perfis promovendo aí um espetacular networking;

g)Você está interessado em trabalhar? Entre com seu currículo nas redes sociais que, seu emprego virá.

h)Procure na internet, blogs de emprego ou de pessoas à procura de emprego. Ali o seu portfólio o espelhará e o exporá.

i)converse com algum amigo que já se utilizou da rede de perfis profissionais. Isto lhe será útil.

SEU CURRICULO NAS REDES SOCIAIS – DICAS:

Abra um site de buscas e digite o nome do site profissional

Poste uma foto bonita e séria; Logo após o seu nome, digite a profissão e o cargo almejado; Ao editar o perfil, insira somente informações importantes; Insira fotos e vídeos nos resumos profissionais para tornar o perfil mais atrativo; Adicione também o seu idioma e todos os idiomas estrangeiros de seu domínio e, sua fluência básica ou avançada; Não se esqueça de incluir reconhecimentos, prêmios, cursos, certificados e trabalhos voluntários que tenha feito. E, muita frequência no site profissional, sempre mantendo o perfil atualizado, publicando e compartilhando conteúdos relevantes sem tentar impressionar com suas auto-avaliações.

ABRA UM SITE DE BUSCA E DIGITE:

Modelos de currículos

Curriculum-vitae/modelos

Curriculum-vitae/perfil profissional

Como fazer um currículo?

Como montar um currículo?

Currículo/modelo

Rh/modelos de currículos

Currículos para desempregados

Currículos/exemplos

Abra muitos modelos de currículos e monte o seu.

MODELO DE CURRÍCULO (utilize apenas os itens que sirvam para você)

(envie muitos currículos para muitas empresas, via E-MAIL ou pelos CORREIOS ou pessoalmente – Insira-o nas redes sociais)

Nome...Data de Nascimento...../......./......

Sexo……..Cidade onde
reside……………………………………………Estado…………..
Endereço:Rua……………………………………………No………CEP……………..
…….
Telefones para
contato………………….e…………………………Cel…………………….
E-mail……………………………………………………………
Estado Civil………………………No de filhos……
R.G.(optativo)……………………………CPF(optativo)………………………..
CNH ( )……Categ……
Disponibilidades: viagens?……. tempo integral…….. noturno?……… Fim de
semana?……….
Profissão Principal………………………………… 2a
Profissão…………………………Empregos Anteriores lo
Emprego……………………………………………………………
Empresa……………………………………………………………..
Empresa……………………………………………………………
Formação Escolar: Primário…….. Ginasial………..Colegial………Supl/……
Universitário……..Pós-Grad/………. Mestrado…….Doutorado…………………..
Cursos: Inglês…….. Espanhol…….. Alemão…….. Japonês………..Outros…….
Nível: básico……….. médio………. avançado…………..
Informática ( ) média……. avançada…….. Internet………..
Outros Cursos: Senac……….. Senai………….. Sebrae……….. outros………
…………………………………..
Assinatura e data
(anexe também uma carta com pedido de emprego. Pode fazer a diferença. Há
neste livro muitos modelos para muitas profissões)

TODO CURRÍCULO DEVE SER ENVIADO COM URGÊNCIA. Envie uma
vez, duas, três vezes, com espaços de uma semana, para uma mesma empresa.
Após isto, envie mensalmente. Nunca desista. Envie seu currículo para dezenas,
centenas de empresas. Quando você menos esperar, eis o seu chamado para uma
entrevista de emprego.
Modelo de CURRICULUM-VITAE (utilize apenas os itens que sirvam para você)
(envie muitos currículos para muitas empresas, via E-MAIL ou pelos
CORREIOS – insira-o nas redes sociais)

MODELE O SEU PRÓPRIO CURRÍCULO
Modele um currículo para o seu perfil.
Nome…………………………………………… Data de Nasc…………………….
Idade…..anos –
R.G.……………………………………CPF…………………………………..
CNH…………….Categ………………….. Est.Civil……………. No de filhos……
Endereço Rua………………………………….no……..
Cidade……………………………………….Est…. CEP…………………….
Telefones para contato………………….Cel…………….. E-mail……….
Empregos Anteriores: lo Emprego Sim…….. Não……..
Empresa……………………………………………. ……Anos
Empresa……………………………………………. …….Anos

Escolaridade: lo Grau…….. 2oGrau…….. Supletivo……… Nenhum………….
Cursos: Inglês…… Espanhol…… Alemão…… Japonês…… Outros…………….
Informática……. Internet……. Tele-Marketing……. Outros…………………..
Universidade: Graduação………………….Escola…………………………….…..
Graduação………………………….. Escola…………………………………….. Pós-
Graduação em………………….Escola…………………………..
Mestrado em……………………….Escola……………………………..
Doutorado em……………………….Escola……………………………
Qualificações para a Área
de:…………………………………………………………………
Cursos:………………………………………………………………………………………
………….
Tempo de Serviço na Área: ….anos –
Empregos anteriores:
Empresa……………………….. ….anos
Empresa………………………………………
……………….
Assinatura e data
Modelo de CURRICULUM-VITAE (utilize apenas os itens que sirvam para você)
(envie muitos currículos para muitas empresas, via E-MAIL, ´PESSOALMENTE
ou pelos CORREIOS) Modele um currículo para o seu perfil.

Nome…………………………………………….. Data de Nasc…………………………
Idade…..anos –
R.G……………………………….CPF…………………………………..
CNH……………..Categ……………………. Est.Civil……………. No de filhos……
Endereço: Rua………………………………………….no……..
Cidade………………………………………..Est…. CEP……………………
Telefones para contato……………….Cel………………. E-mail…….
Empregos Anteriores: lo Emprego Sim…….. Não……..
Empresa…………………………………………. ……Anos
Empresa…………………………………………. ……Anos
Escolaridade: lo Grau…….. 2oGrau…….. Supletivo……… Nenhum………….
Cursos: Inglês…… Espanhol…… Alemão…… Japonês…… Outros……………
Informática ( ). Internet……. Tele-Marketing……. Outros…………………..
Universidade: Graduação………………….Escola…………………………….…..
Graduação………………………….. Escola…………………………………….. Pós-
Graduação em………………….Escola…………………………..
Mestrado em……………………….Escola……………………………..
Doutorado em……………………….Escola……………………………
Qualificações para a Área
de:…………………………………………………………………
Cursos:………………………………………………………………………………………
………….
Tempo de Serviço na Área: ….anos – Empresa…………………………………
….anos
Outras……………………………………………..
……………………………………..
Assinatura e data

Modelo de CURRICULUM-VITAE (utilize apenas os itens que sirvam para você)
(envie muitos currículos para muitas empresas, via E-MAIL ou pelos
CORREIOS – insira-o nas redes sociais) Modele um currículo para o seu perfil.
Nome completo...
Data do Nasc......./......./........ ....anos CPF.................................
CNH.......Categoria...................... Est.Civil................... No de Filhos......
Nome...RG........................
....
Endereço:
Rua..No........CEP.........................
Cidade....................Estado................Telefone.......................
Escolaridade 1o Grau..... 2o Grau...... Supletivo..... Senac..... Senai.....
Sebrae...... Computação...... Inglês....... Outros.......
Profissão Principal............................... 2a
Profissão.................................
Empregos Anteriores: 1o Emprego......................
Empresa... ....Anos
Empresa... ....Anos
Qualificações: O que sei fazer na área de...:
Eu sei..
.(escreva tudo o que você sabe de sua profissão
....
Assinatura e data
Celular.......................e-Mail..

(Monte seu Currículo, junte com uma Carta de Pedido de Emprego e envie para
muitas Empresas)
Não se esqueça: para cada empresa, modifique seus objetivos

MODELO ESPECIAL DE CURRICULO
(Número dos documentos optativos)
(utilize apenas os itens que sirvam para você)
INTERESSEI-ME POR ESTA EMPRESA, POR VÊ-LA QUALIFICADA PARA
A CONQUISTA DE MEUS IDEAIS.

IDENTIFICAÇÃO FOTO (não necessária)
Nome
Completo...
Nacionalidade.................Natural de....................Estado............
(os números dos documentos não são necessários)
R.G..CPF.......................................
Título de Eleitor N..............................Zona Eleitoral...........
Certificado Militar N....................................Classe..............
Alistamento Militar N.........Dispensado ( )Sim ( )Não – Servirá no Ano ....
C.N.H.N.................Categoria............. Opções...................
Residência:Rua..N.........Bairro...........
Cep...................Cidade...Estado...
......
Telefone...............P/.Recado...........................Celular.............

E Mail...

FORMAÇÃO ESCOLAR ( )Analfabeto ( )Sei ler e escrever ( )1a a 4a Série ( ) 1o Grau ( )2o Grau Incompleto ( )2o Grau Regular Completo ( ) 2o Grau Técnico ( )Cursos pela TV ( )Cursos por Correspondência ( )Cursos de Um ano( )Inglês Básico ( )Inglês Avançado/Conversação/Redação/Tradução ( )Espanhol ( )Outros Idiomas ( )Informática Básica ( )Informática Especializada ( )Cursando Universidade ( )Universidade Concluída Especialização Mestrado ( )Doutorado ( )Cursos em outro País ( )Cursos Técnicos de 3o Grau ( )Estágios Acadêmicos ( )Estágios Profissionais ( )Trainee ( ) Outros

PRETENSÃO ESCOLAR

Iniciar o Curso de

....

Concluir o Curso

de..Período..................

Estagiar em...

CURSOS EM ESTUDO ....

CURSOS CONCLUÍDOS ....

Outros ....

EXPERIÊNCIAS DE TRABALHO

( )Nenhum Emprego Anterior ( )Aprendiz ( )Estagiário ( )Treineiro ( )Ajudante ( )Auxiliar ( )Bicos ( )Freelancer ( )Office-Boy ( )Autônomo ( )Empregado ( )Prestador de Serviços ( )Sacoleiro ( )Ambulante ( )Outro

EXPERIÊNCIAS PROFISSIONAIS NAS ÁREAS (mesmo sem vínculo trabalhista):

(Onde você já trabalhou. Para seu currículo especial)

( )Rural ( )Agricultura ( )Pecuária ( )Psicultura ( )Apicultura ( )Extrativa Mineral ( )Comercial ( )Vendas ( )Corretagem ( )Compras ( )Estocagem ( )Reposição ( )Escritórios ( )Bancos ( )Financeiras ( )Merchandising ( )Leasing ( )Franchising ( )Imobiliárias ( )Clubes ( )Transportadoras ( )Almoxarifes( )Supermercados ( )Restaurantes ( )Pizzarias ( )Churrascarias ( )Lanchonetes ( )Atacadistas ( )Frigoríficos ( )Açougues ( )Sorveterias ( )Confeitarias e Panificadoras ( )Hospitais ( )Material de Construção ( )Farmácias ( )Postos de Combustíveis ( )Eletro-domésticos ( )Artes do Toucador (Cabeleireiros) ( )Alfaiatarias ( )feira-livre ( )Cozinhas ( )Alimentação( )Tapeçaria ( )Tapeçaria doméstica ( )Guinchos (( )Seguradoras ( )Construção Civil ( )Bancas ( )Fotos ( )Selarias ( )Calçados( )Sapatarias ( )Relojoarias ( )Joalherias ( )Agências de Viagens e Turismo ( )Resgate( ) Peixarias ( ) Horti-Frutis ( )Lacticínios ( )Pastifícios ( )Óleos e Gorduras ( )Perfumarias( )Produtos de Limpezas ( )Tintas e Pinturas ( )Artes e Decorações ( )Vidraçarias( ) Instrumentos Musicais ( )Ferramentas ( ) Agro Tóxicos e Venenos ( )gorduras ( )Indústria ( )Química ( )Perfumaria ( )Óleos Vegetais ( ) Hospitais ( )Montadoras ( )Calçados ( )Tecidos e Confecções ( )Material Elétrico ( )pólvora ( )Metalurgia ( )Siderurgia ( )Móveis de Aço ( )Transportes ( )Construção Civil( )Implementos e Máquinas Agrícolas ( )Material Escolar ( ) Material Esportivo( )Moda ( )Hidrelétricas ( ) Eletro Eletrônica Eletrônica ( )Equipamento Hospitalar ( )Hidrovias( )Farmacêutica ( )Ótica ( )Joalheira ( )Doces ( )Açúcar e Álcool ( )Ferrovias( )Prestação de Serviços ( )Médicos ( )Locução ( )Odontológicos ( )Arquitetura ( )Enfermagem( )Circos ( )Teatros ( )Segurança ( )Portarias( )Loterias ( )Bingos ( )Esportes( )Serviços Domésticos ( )Tele-

Marketing ( )Som ( )Imagem ( )Gráficas ( )Imprensa ( )Estúdios ( )Rádio e TV ( )Telefonia ( )Telecomunicações ( )Traduções ( )Comércio Exterior ( )Espionagem ( )Aviões ( )Navios ( )Antenas( )pedreiro ( )encanador ( )eletricista ( )pintor ( )tele-marketing ( )pesquisas ( )Funerárias ( )Auto-Escolas ( )Escolas ( )Salva-Vidas ( )Esportista ( ) Cantor ( )motorista ( )maquinista ( )piloto de aviões ( )paraquedista ( )barqueiro ( )outros

TEMPO DE SERVIÇO/ESTÁGIOS/EXPERIÊNCIAS/CONHECIMENTOS NAS ÁREAS: ....

DISPONIBILIDADE DE TEMPO:
( )Meio Período ( )Período da Manhã ( )Período da Tarde ( )Período Noturno( )Período Integral
( )Finais de Semana ( )Plantões ( )Livre ( )Total Disponibilidade

DISPONIBILIDADE DE LOCOMOÇÃO
( )Livre para Viagens ( )Local Fixo ( )Livre para Mudanças

SALÁRIO DESEJÁVEL:
( )A Combinar ( )Um Salário Mínimo ( )Salário Padrão do Setor ( )Outro

MINHAS MELHORES JOGADAS;

Minha maior Qualidade.......................................

Meu maior Defeito..................................

O que mais valorizo nos Amigos..........................

O que mais deploro nas pessoas....................

O que lamento não ter feito até hoje.....................

.Meu hobby preferido.....................................

Meu filme preferido..

O Livro que mais me marcou...........................

Meu escritor predileto.......................................

Sou Fã de...

Meu maior Herói da vida real...........................

Um sonho impossível....................................

Melhor momento de minha vida..........................

.Meu pior momento......................................

O que o Brasil mais necessita............................

Uma grande injustiça..................................

As Escolas do País estão................................

A Canção mais bonita.................................

Meu hobby favorito.......................................

O QUE PODEREI FAZER POR ESTA EMPRESA (currículo especial)
a)Visarei sempre o progresso da Empresa;
b)Investigarei alternativas, soluções e novos rumos para o progresso da Empresa;
c)Inovarei, sempre visando o aperfeiçoamento da Empresa;
d)Procurarei gerenciar e dominar todo o tipo de marketing em nossa área de atuação;
e)Desenvolverei projetos de pesquisas, visando o aprimoramento da Empresa;
f)Projetarei estimativas e probabilidades visando os melhores rumos e rotas a serem seguidos;
g)Acompanharei o mercado, seguindo de perto suas vocações e tendências;
h)Estimularei a autocrítica para adotar novos posicionamentos;
i)Estimularei o trabalho em equipe;
j)Estarei sempre pesquisando intercâmbios

;k)Estarei integrado na missão da Empresa;
l)Socializarei informações e conhecimentos, aprimorando o trabalho em equipe;
m)Estarei corrigindo intensivamente, rumos e rotas;
n)Cultivarei sempre a aquisição de conhecimentos continuados, no campo de atuação da Empresa
o)Trabalharei por uma empresa egocêntrica;
r)Desenvolverei esforços para administrar conflitos, diferenças, tensões, sentimentos;
s)Desenvolverei esforços par a ampliação da clientela da Empresa;

E, crendo-me jovem, adulto, idealista, otimista, avançado, audacioso, inteligente, comunicativo, confiante e, esperando um crescimento rápido junto a esta Empresa e ainda, tendo a certeza de uma resposta favorável, coloco-me à Vossa disposição para imediata ou futura ocupação do Cargo almejado,

Atenciosamente,
....
assinatura e data
monte um modelo de currículum-vitae especial adaptável a você. Tire muitos xeroxs ou cópias e, vá enviando para todas as empresas de seu interesse. Repita o envio semanalmente.
Envie, de preferencia via e-mail e pelos Correios simultaneamente, pois o gerente de RH da empresa o lerá. Poderá também ser enviado pessoalmente ou por fax. De qualquer maneira, vá enviando seu currículo. Junte também um modelo de CARTA de pedido de emprego. Há neste livro, muitos modelos à sua disposição. Faça também adaptações, junte todas ao seu currículo e remeta para as empresas de seu interesse. SUCESSO!
!(Currículos enviados via Internet devem ser repetidos com mais frequência pois os mesmos correm o riscos de serem apagados sem serem lidos ou guardados no banco de dados da Empresa.) Espere uma resposta por no máximo dez dias e reenvie novamente seu currículo.

DICAS PARA UM BOM CURRÍCULO
1-Ao preencher uma ficha cadastral, um currículo ou uma carta pedindo emprego, NUNCA cite referências que possam provocar discriminações: cor, peso elevado, religião, partido político, tipo de cabelos, origem social humilde, vícios (cigarros, álcool, drogas), doenças, aleijões, gravidez, etc.;
2)Fotografia, só se for por exigência da ficha curricular;
3)Deverá ser citado: Escola famosa onde estudou, suas aspirações estudantis futuras;
4)Não é necessário citar no currículo: Sua boa origem social ou política (filha do ex-prefeito de...), seu título de miss..., seu título de artilheiro do "Bela Vista Futebol Clube". (Poderá até ser dito durante uma entrevista)
5)Apesar de você necessitar de um bom emprego, CUIDADO, algumas ofertas de vagas poderão ser apenas ARMADILHAS: vendas de drogas, prostituição, contrabando. Ao perceber qualquer arapuca, não caia nela.
Empregos no estrangeiro ou em cidades de fronteira, merecem atenção especial. VÁ DEVAGAR, pode ser perigoso.
6)Qual a sua idade? (material, espiritual ou emocional)

20 anos: idade do sonho
30 anos: idade do perigo
40 anos: idade da fortuna
50 anos: idade da estabilidade
60 anos: idade da sabedoria
70 anos: idade da aposentadoria e da meditação
7)Há neste livro, muitos modelos de CARTAS PEDINDO EMPREGO. Muitas
delas podem substituir a montagem de um currículo. Monte o seu modelo e, envie
para muitas empresas. Pelos Correios, fax, Internet, você tem o Brasil inteiro
esperando pelo seu pedido de sempre.
8)Abra o YouTube e consulte palestras importantes para o enriquecimento de seu
currículo.
9)Procure o CIEE mais próximo e peça informações sobre cursos, palestras e
orientações sobre a confecção de currículos.
10)Para todo iniciante, um estágio pode ser o melhor caminho para unificar
teoria com prática e assim, acelerar o sucesso em um emprego.

Plataformas digitais de coletas de currículos de candidatos a emprego, tem
agilizado o processo de contratação pelas grandes empresas.,

NUNCA SE ESQUEÇA: Seu currículo poderá estar em concorrência com
milhares de currículos, dentro de uma mesma empresa. E como se destacar? Foto
bonita, formação acadêmica, idiomas, qualificação profissional diversificada,
talvez todos tenham. O que é preciso, então? Pesquise muito sobre a empresa:
seus produtos, designe, logotipo, destinação, varejo, atacado e, se você já
consumiu algum produto, dê a sua opinião sincera. Crie uma ideia publicitária
original sobre a empresa ou algum produto e, chame a atenção para você.

Abra muitos modelos de currículos e monte o seu. Abra também os modelos
importados. Abra um tradutor virtual e estude
todos.
Curriculum templates / UNITED STATES
                                modelli di curriculum /
ITALIA
Lehrplanvorlagen / DEUTSCHLAND
                    modèles de curriculum /
FRANCE
plantillas curriculares / ESPAÑA
                        e qualquer país do mundo

39 OS PRIMEIROS DIAS DO EMPREGO
                        Em seus primeiros dias de emprego, seja
equilibrado em tudo: roupas normais; pontualidade nos horários, assiduidade;
na dúvida, pergunte pela segunda vez. Siga aqui os caminhos corretos para os
primeiros dias no emprego...

1-Ao iniciar-se em uma empresa, nunca tente impressionar os colegas com a sua sabedoria. Isso pega mal.
2)Nem sempre a bagagem da melhor Universidade do país é moderna para a empresa. Modernismo é caminhar dentro das inovações do mercado.
3)Todos os estagiários e trainees têm o seu potencial testados pela Empresa e, com certeza, dispensados ou efetivados.
4)Em seus primeiros dias de emprego, seja equilibrado em tudo: roupas normais; pontualidade nos horários, assiduidade; na dúvida, pergunte pela segunda vez; cordialidade para com todos; rapidez nos banheiros, nada de gargalhadas; não seja o 1o a encerrar o expediente; cuidado com envolvimentos sentimentais; se receber uma bronca, peça desculpas pelo erro; nunca execute uma tarefa importante, com dúvidas; chame seus colegas pelo nome; cumprimente com os olhos, com palavras ou sorrisos; não se impressione com cantadas ou assédios, pois pode ser apenas tentativas de aproximação.
5)Atualmente, ninguém, pode se dar ao luxo de encerrar os estudos. Terminou um Curso, é hora de começar outro. Seja de sua área ou de outra. A globalização exige isso.
6)Lembre-se sempre: o maior capital de uma empresa são os seus clientes. Ë sua tarefa, como empregado, contribuir para que a Empresa aumente sempre seu capital.
7)Domine sempre o seu entusiasmo. Nunca invada o espaço dos outros. Saiba ouvir e falar na hora certa. Ninguém é dono de seu emprego. Seus direitos terminam onde começa os direitos do outro. Nunca brigue ou discuta futilidades na Empresa. Mexericos e futricas só nos trazem prejuízos.

SAIBA TAMBÉM:

-É muito importante você conhecer a empresa, seus funcionários e áreas de atuação   -Todos os colegas de trabalho o tratarão com cordialidade, educação e simpatia,   -Marque em um caderninho os nomes do maior números de colegas e algumas características dos mesmos. Assim você não esquecerá.

   -Cumprimente a todos,

-Nunca se sinta intimidado em perguntar de novo. Todos fizeram isto em seus primeiros dias no emprego,

   -Você e todos os funcionários fazem parte da empresa e, todos com um objetivo comum,

40 ADMINISTRANDO PRESSÕES

Em todas as profissões, o point de sua competência sempre será o seu potencial em administrar tensões. Seja numa oficina mecânica ou,...Siga aqui os melhores caminhos a seguir quando do surgimento de tensões no cotidiano do trabalho...

Em todas as profissões, o point de sua competência sempre será o seu potencial em administrar tensões. Seja numa oficina mecânica ao entregar o carro com defeito ou pela reclamação de um comprador de mercadorias ou por uma produção inadequada ou por um ensinamento não assimilado, ou por um trabalho incompleto, ou por um passe errado na hora do gol, ou na escola, como aluno, lá vem bronca. Ou é você quem dá a bronca. Tudo depende do lado em que você se encontra no momento. Estamos sempre administrando tensões. E em seu emprego você será notado pela competência ou incompetência em administrar pressões.

Seu aumento de salário ou sua demissão sempre estará atrelada a isto. Pense nisto.

Defesas ou acusações fazem parte do aprimoramento profissional, pois, no momento em que você veste uma camisa, o suor escorrerá.

Ficar calmo ou ficar nervoso, é o que fará a diferença. Se a bronca for tua, evite-a em público pois, em público você força a autodefesa. Em particular, a bronca somente será ouvida. Se a bronca for em você, seja em público ou em particular, evite a auto defesa momentânea, intempestiva, pois somente lhe trará prejuízos. Ouça mais e fale menos, colete informações, compartilhe aprendizados. Sempre.

SAIBA TAMBÉM:

-

Metas a cumprir, clientes exigentes, vendas canceladas, prazos de entregas, críticas, tudo isto pode fazer parte do cotidiano de um funcionário. E para todas as situações, entra a sua competência em solucioná-las. E, dada a sua experiência, tudo será resolvido sem stress. Confia nisto?

-Aprenda a organizar o seu espaço, suas atividades, suas funções, seu tempo para cada situação e tente não invadir outras áreas de atuação.

-Você é responsável por seu setor porém, dividir esta responsabilidade nos momentos de tensões poderá diminui-lo perante a chefia

-Tente não deixar para amanhã o que você pode resolver hoje. Amanhã, novas tensões surgirão. ,

41 ESTA EMPRESA É TUA

Aja sempre como se assim fosse. "Comprometa-se com a empresa. Vista a camisa. Defenda-a em todas as circunstâncias. Projete-a, aumente-lhe sua produção, dê-lhe lucros, amplie seus horizontes, dê palpites, "morra" por ela." Veja muito mais...

Aja sempre como se assim fosse. Comprometa-se com a empresa. Vista a camisa. Defenda-a em todas as circunstâncias. Projete-a, aumente-lhe sua produção, dê-lhe lucros, amplie seus horizontes, dê palpites, "morra" por ela." Ninguém chega a gerente, sem merecimentos. Toda a empresa também está voltada a você como colaborador. Você é visto, olhado, elogiado e criticado sempre. Seu salto promocional dentro da empresa por certo virá. Ou sua demissão virá com certeza e em breve, principalmente se faltar-lhe versatilidade, talento, criatividade, maturidade, segurança, independência, evolução, reciclagem cultural, sociabilidade, garra e principalmente, amor pela empresa. Toda empresa necessita de imagem persuasiva sempre. E o apoio do funcionário é vital. Pense naquele político que cuida sempre bem de seus funcionários públicos. Este sempre será reeleito pois nunca lhe faltará cabos eleitorais. Você deve ser sempre o principal cabo eleitoral de sua empresa, pois sua vida está ali atrelada. Seu chefe ou seu patrão espera de você a salvação da empresa. Pois você é um especialista em seu trabalho. E seu trabalho é um dente desta engrenagem. Aja sempre como se a empresa fosse tua.

E ainda,

-Acredite sempre naquilo que sua empresa vende; -encare os desafios como se você fosse o dono da empresa;
-adote sempre atitudes empreendedoras como se fosse você a correr riscos; -tudo o que você fizer pela empresa, faça bem feito; -trabalhe sempre junto com sua empresa, como se você fosso sócio dela;
-trabalhe junto mas, considerando seus patrões como se fossem seus colegas; -tenha sempre atitudes como se você fosse o dono da empresa; -organize sempre o seu setor de trabalho na empresa;
-transforme a sua rotina voltada sempre para o sucesso da empresa.

42 O DESEMPREGO (depoimento)

Veja aqui um bom exemplo de pessoa guerreira que, ao perder o seu emprego, foi à luta imediatamente, sem desânimo, sem contentar-se com seu fundo de garantia e salário desemprego, conseguiu um emprego melhor ainda que o anterior. Veja aqui...

Estive desempregado. Trabalhei durante dez anos como vendedor balconista em uma loja de tecidos e confecções e, face à dificuldades do mercado, a empresa fechou. Fundo de Garantia, Salário desemprego, ótimo. Ajudariam-me a salvar a pátria, temporariamente. Mas, e depois? Então, logo no dia seguinte, já iniciei a jornada. Procurar emprego. Corri todas as empresas do setor de minha experiência. Parecia que todas estavam em dificuldades. Todos foram bem educados, cordiais, porém, ficaria na fila de espera. Até os antigos fornecedores, meus super e gentis amigos, todos muito cordiais, porém, ... Montei um belo Curriculum-Vitae, e o enviei para todas as empresas de meu setor, de minha e de todas as cidades da região, via Fax, Internet, Correios e pessoalmente. Telefonei para muitas empresas. Todos diziam que este era um dos melhores caminhos para a conquista de um emprego.
Consultei os jornais com anúncios sobre empregos e contatei a todos os de meu interesse.
Nunca perdi a esperança.
E, poucos dias depois, arranjei um emprego bem melhor que o anterior

E ainda,

- Com certeza, o desemprego é o grande fantasma de todo trabalhador. Não existe preocupação maior. É assustador esta possibilidade. Carências de todos os

tipos assolam a vida de um desempregado;   - Qualificação profissional
constante é a solução. Se você é um mecânico de automóveis, faça cursos para
mecânico de caminhões ou máquinas agrícolas. Seja você, médico, engenheiro,
advogado, dentista, professor, comerciário, operário, tenha sempre um trunfo em
suas mãos. Não fique esperando o desemprego acontecer para reciclar-se
profissionalmente.   - Nunca desanime
com conversas sobre desemprego ou dificuldades em consegui-lo. Cada um tem o
seu potencial e você não é igual a
ninguém.   -Na
procura por um emprego, o interesse da Empresa por sua qualificação quase
sempre é muito maior do que o seu interesse em trabalhar nesta empresa. Tudo
depende das qualificações de ambas as partes.

-Nunca percas as esperanças em conseguir emprego. Siga as instruções deste livro
que com certeza suas chances aumentarão.

43 O SONHO BRASILEIRO

Sou Brasileiro, com muito orgulho e com muita
honra. Temos as mais belas paisagens do mundo. Não temos desertos, nem...

Sou Brasileiro, com muito orgulho e com muita honra. Temos as mais belas
paisagens do mundo. Não temos desertos, nem tremores de terra, nem furacões,
nem guerras, nem invernos fortes. Vivo no mais belo País do mundo. Sem
miséria, sem fome , sem desemprego, sem analfabetismo, sem doença, sem
exclusão. Sigo feliz em meu farto caminho.
Fitipaldi, Oscar Schimit, Sena, Barrichelo, Massa, Xuxa, Angélica, Hulk, Piquet,
Pelé, Roberto Carlos, Caetano, Romário, Ronaldinho, Robinho, Pato, Paula,
Hortênsia, Ana Moser, Neymar, Guga, Ermírio, Diniz, Silvio Santos, Faustão,
Marinho, Gugu, Fernando Henrique, Maluf, Renato Aragão, Chico Anísio,
Serra, Aécio, Itamar, Ratinho, Saad, Daniel, Sandy, Luan Santana, Gustavo
Lima, Monteiro Lobato, Paulo Coelho,Tony Ramos, Anita Malffat, Portinari, etc.
. Lula, de pau-de-arara a Presidente e, milhares de outros famosos que você
conhece de ouvir falar ou ver na TV. Mesmo aqueles que "in memoriam", já
passaram para a história, todos representam ou representaram fartura de
felicidade, o sonho de todos os brasileiros, o ideal, a inveja, a gula, a cobiça,
aquilo que deu certo, aquele que se deu bem, o status, a bonança, a fama, o
orgulho, o nome. Trabalho bem remunerado, boa moradia, carrões à disposição,
boas estradas, medicina de ponta, bons alimentos, farto lazer, relax, viagens,
dinheiro sobrando na conta bancária, cartões de crédito, talões de cheques, a
melhor escola para os filhos, telecomunicações. Somente felicidade consumista. Só
por exemplo: O grande Silvio Santos, começou como mascate e continua sendo
ainda hoje o "eterno mascate". Alguém vê moleza no trabalho dele? . E Pelé,
quantas fraturas? e Xitãozinho & Xororó, quantas lonas de circo eles
frequentaram? E Antônio Ermírio? 18 horas de trabalho diário?
Como podemos ver, seja qual for o ramo, o caminho da mina da fortuna de
felicidade requer esforço e talento.
Talento, todos temos. Explore um. Dedique-se de corpo e alma e, felicidades!

Ganhar muito bem. Ganhar bem mais do que aquilo que eu possa gastar. Um emprego com garantias de estabilidade. Um ambiente... Isto existe e é possível. Basta aprender como

Ganhar muito bem. Ganhar bem mais do que aquilo que eu possa gastar. Um emprego com garantias de estabilidade. Um ambiente sem stress. Um trabalho em que seja de meu completo domínio. Um emprego de carreira. Um trabalho onde a produtividade é premiada. Com um Salário que me permita investir em Previdência Privada. Um trabalho que faça-me sentir importante. Um emprego que realiza-me. Aquilo que dê-me status pessoal. Um trabalho que faça-me sentir sócio do emprego. Um emprego que faça sentir-me cúmplice com convicção. Um trabalho que me dê prazer em executá-lo. Um emprego que daria como herança a continuidade do mesmo para meus filhos. Um emprego que fizesse sentir-me uma pessoa de sorte. Um emprego em que eu pudesse arrumar uma vaga para todos os meus amigos. Um emprego legal. Um super-emprego. Um emprego perfeito!
ONDE CONSEGUIR ALGO ASSIM?
Num Emprego Público, talvez? Numa Multinacional?
Numa grande empresa Nacional?
Numa empresa de porte médio, quem sabe?
Numa microempresa, seria possível?
Como autônomo, por conta própria?
Em algum meu talento?
Vemos por todos os lugares os vencedores. São muitos aqueles que encontraram o Emprego Perfeito.
Qual o caminho por eles trilhados? Sorte, Inteligência, Perseverança, Jogo de Paciência, Boa Política, Estudos, Humildade, Muito
Trabalho, Risco, Talento?
Qual a dose ou a pitada ideal? Começando hoje a traçar um mapa com a trilha de um Emprego Perfeito, chegarei a ele?
Por que não tentar? Há grandes empresas de sobra. Há Concursos Públicos diariamente nos jornais. Há chances para todos em todas as áreas de atuação da Inteligência Humana. Comece com uma micro atividade e desenvolva-a. Temos liberdade para isto.
Procure uma assessoria empresarial e inicie-se. Desenvolva um seu talento e explore-o.. Venda um seu serviço. Monte um super Shopping-Center de talentos, só seus.
De desempregado hoje a empregador um mês depois. Isto não é raro.

Veja aqui como são as esperanças dos brasileiros. São muitos exemplos. Para torná-las realidade, é simples: Batalhe com firmeza todas elas. Persiga-as, não esmoreça, peça ajuda como quiser, mude de rota, mas, nunca desista. Nunca perca suas esperanças. Aprenda aqui alguns caminhos...

"Vou prestar exames no ENEM, vestibulares na Fuvest, na Federal de ..., nas Estaduais de ..., e, tenho certeza de que entrarei em Medicina como 1a. opção ou Biológicas como 2a. opção ou ... como 3a. opção ou, ... e, vem o resultado e, será que conseguirei pagar uma Particular? E o SISU? PROUNE? FIES? Acho que o melhor é fazer mais um ano de Cursinho.”

“Este ano tem Eleições e, com o novo ..., tudo será melhor.”

“Vai abrir um novo Supermercado lá na esquina perto da Rodoviária. Tenho que ficar atento para conseguir uma vaga.”

“Este mês acho que terei reajustes em meu Salário. Ufa! Talvez agora a água abaixe um pouco.”

“Ôba! Concurso para os Correios! Este eu não posso perder!”

“A Mega Sena acumulou de novo. Vou jogar nas datas de aniversário de minha família e, tenho certeza que acertarei.” “Dizem que é só descobrir o sistema e a partir daí é só faturar na Loto Fácil!”

“E o Carnê do Baú. Conheço muita gente que já ganhou. Parece que é tão fácil!. “

“Virá em breve aqui em meu bairro, um olheiro do Corinthians ver a molecada jogar. Quero estar bem preparado no dia.”

“A TV....... vai iniciar inscrições para o novo show de calouros. Eu acho que se treinar bem, passarei nos testes.

“Vou fazer uma novena para Santo (...) e tenho quase certeza de que arrumarei...”

“Se o Terreiro da Vila ..., não resolver meu problema, mais ninguém resolverá.”

Todos temos ESPERANÇAS. Quais são as suas?

Batalhe com firmeza todas elas. Persiga-as, não esmoreça, peça ajuda como quiser, mude de rota, mas nunca desista. Nunca perca suas esperanças. Somente os fracos perdem as esperanças.

E

ainda,

                          -A confiança da juventude num futuro próspero, dada a maturidade política e social em que o Brasil tem apresentado, dará a todos, a oportunidade de emergir a um desenvolvimento galopante em todos os setores de empreendimentos . Seja você, trabalhador temporário, freelancer, autônomo, micro empresário individual, desempregado, sua chance de deslanchar rumo à prosperidade, tendo à sua frente, todas as portas abertas à disposição. Confie nisto.

46 DICAS E OBSERVAÇOES IMPORTANTES:

                    Mais uma vez, uma porção de dicas importantes para a conquista de seu emprego. Siga aqui...

a)Ao entrar em contato com uma Empresa, peça para falar com o Departamento Pessoal ou R.H. e peça informações sobre abertura de vagas. Peça também o SITE ou e-mail da Empresa para que você possa acessá-la via Internet.

b)Anote em um caderninho todos os sites ou e-mail de empresas de seu interesse. De posse do site, acesse-a via Internet. Tudo fica mais fácil.

c)Anote também endereços postais e telefônicos 0800 de muitas empresas de seu interesse. Lembre-se que você ou algum seu conhecido poderá estar em algum tempo, procurando emprego.

d)Esteja onde estiver, do Oiapoque ao Chuí, de Rio Branco a Manaus ou Cuiabá ou Palmas, em Borá ou São Paulo, dentro do Brasil, entre em um site de busca e digite

Empregos/Agências, Mão-de-Obra Temporária, Seleção de Pessoal, Assessoria em Recursos Humanos, Consultorias em Recursos Humanos, Curriculum-Vitae,/nome de sua cidade, Ministério do Trabalho e Emprego/mais emprego, PAT/nome da cidade ou, apanhe uma lista telefônica, abra-a nas Páginas Amarelas, nos índices: Empregos/Agências, Mão-de-Obra Temporária, Seleção de Pessoal, Assessoria em Recursos Humanos, Consultorias em Recursos Humanos, Curriculum-Vitae, etc. A maioria dos itens acima abrirão links de agências de empregos, E a maioria delas cobram pelo serviço. Consulte preços antes de contratar seus serviços.

e)E, todas as Agências de Empregos que você conseguir abrir seus links, são apenas a "ponta de um iceberg. Consulte sempre as páginas amarelas das listas telefônicas, um ou vários sites de buscas, como também os anúncios classificados dos jornais, com ofertas de empregos. É ali que estão o maior número de Agências de Empregos e, sempre atualizadas.

f)Ao saber da existência de um Concurso Público de seu interesse, não perca tempo. Vá atrás. faça sua inscrição, compre apostilas e, mergulhe de cabeça com confiança. Uma das vagas está a tua espera.

g)Confie sempre em você mesmo. Nunca desanime. Ninguém nasceu para ser desempregado para sempre.

h)Fique sempre atento ao espirito da Empresa. Toda empresa possui um estado de alma, perceptível ou não pelos funcionários. Aquele que está focado, sempre permanece.

E MAIS:

47 DIPLOMA+DIPLOMA – DIPLOMA+EXPERIÊNCIA – EXPERIÊNCIA SEM DIPLOMAS

Apesar de não ser raro as grandes fortunas oriundas somente do trabalho e de boas ideias, a formação técnica ou universitária tem sido fundamental. Veja aqui...

"Zé de Souza", iniciou com um carrinho e hoje é dono de uma rede de carrinhos de cachorro-quente, possui um ótimo rendimento sem possuir nenhum diploma universitário . "Zé da Silva" começou como aprendiz de mecânico e hoje possui uma rede de oficinas prestadora de serviços para grandes empresas de ônibus. Mark Zuckerberg, fundador do Facebook, Michael Dell, fundador da Dell, William Henry Gates III ou Bill Gates, fundador da Microsoft, Steve Jobs, co-fundador a Aplle e da Next, todas estas pessoas bem sucedidas, desenvolveram suas ideias sem terem concluído um curso universitário.

Porém, apesar de não ser raro as grandes fortunas oriundas do trabalho e de boas ideias, a formação técnica ou universitária tem sido fundamental. Engenheiros, médicos, advogados, dentistas, necessitam de muitos estudos e horas de pesquisas em livros. O mercado de trabalho é rigoroso. Ao enviar seu currículo, todos os seus diplomas e especializações são avaliados. Sua experiência anterior será exigida e cobrada. Sua fluência em várias línguas pode ser necessária. Então, experiência+diplomas pode ser o melhor caminho para um bom emprego.

48 ROBOTIZAÇÃO: O GRANDE LADRÃO DE EMPREGOS

Máquinas, máquinas e máquinas a serviço do Ser Humano. Fique atento pois, uma delas poderá roubar o seu emprego.

Na agricultura e pecuária: colheitadeiras, empilhadeiras, secadeiras, ordenhadeiras, provocaram o êxodo rural. No comércio , empacotadoras, acondicionadoras, embalajadoras, leitoras de códigos de barras, freezers, caixas automáticos. Na indústria, parafusadeiras, soldadeiras, impressoras gigantes 3D capazes de construir de tudo em poucos minutos. No setor contábil e bancário, adeus funcionários, programas de computador, caixas eletrônicos, notebooks, celulares, resolvem tudo. Sem falar na área fotográfica onde o setor mais se valeu do progresso.
Defenda-se fazendo cursos diversificados, reciclando-se, estudando especializações que podem habilitá-lo a comandar muitos robôs.
No mundo atual e do futuro, ninguém deve parar de estudar.

49 APTIDÃO PARA O TRABALHO

Em seu relacionamento com o cotidiano, você deverá utilizar o que há de melhor...

Fisicamente, você deverá estar apto a realizar atividades do cotidiano com tranquilidade e com o menor esforço possível.
Em seu relacionamento interpessoal, seu controle emocional deverá estar apto a administrar seu/sua: capacidade de improvisação, domínio psicomotor, grau de iniciativa e decisão, controle emocional, impulsividade, receptividade e capacidade de assimilação, inteligência geral, fluência verbal, capacidade de liderança, resistência à fadiga psicofísica, nível de ansiedade, autocrítica, agressividade controlada, disposição para o trabalho, flexibilidade de conduta, memória auditiva e visual, capacidade de mediação de conflitos, capacidade de atenção ao ouvir. Basta manter a calma e a ansiedade que tudo será de seu domínio.

50 CARTEIRA DE TRABALHO PARA ESTRANGEIROS

A Carteira de Trabalho e Previdência Social pode ser solicitada por qualquer cidadão estrangeiro...

A Carteira de Trabalho e Previdência Social pode ser solicitada por qualquer cidadão estrangeiro...
A Carteira de Trabalho e Previdência Social pode ser solicitada por estrangeiros nas seguintes condições:
Asilado e permanente; Fronteiriço Refugiado com ou sem Carteira de Identidade de Estrangeiro; Artistas ou desportistas; cientistas, técnicos, professores ou profissionais deoutra categoria sob regime de contrato a serviço do governo brasileiro.

51 SECURIDADE SOCIAL TEMPO PARA QUE O DESEMPREGADO PEÇA O SEGURO DESEMPREGO   veja detalhes de como funciona...

TEM QUE TER TRABALHADO POR 12 MESES PARA CONSEGUIR O SEGURO DESEMPREGO (solicitações) 1ª solicitação 1 ANO 2ª 9 MESES 3ª solicitação 6 MESES

ABONO SALARIAL TEMPO TRABALHADO 3 MESES VALOR DO
BENEFICIO (PROPORCIONAL AO TEMPO
AUXÍLIO DOENÇA VALOR média dos últimos 12 meses EMPRESAS arcam
com 30 dias do benefício antes do INSS
PENSÃO POR MORTE TEMPO DE CONTRIBUIÇAO E CASAMENTO (18
meses de contribuição e dois anos de casamento) DURAÇAO DOS
PAGAMENTOS (proporcional à idade)

52 PROGRAMA VENCE   dezenas de cursos técnicos gratuitos...

No total, são dezenas de cursos técnicos e gratuitos oferecidos pela Pasta, entre
eles administração, enfermagem, segurança do trabalho, informática, química,
automação industrial
No ato da matrícula é preciso apresentar o registro do aluno (RA) na Escola,
declaração de frequência, carteira de identidade, CPF, título de eleitor,
comprovante de quitação do serviço militar (para maiores de 18 anos do sexo
masculino), comprovante de residência e foto 3×4. Estudantes matriculados na
Educação de Jovens e Adultos (EJA) também podem participar da seleção.

Entre em um site de buscas e digite PROGAMA VENCE/SP e veja sua
classificação.

53 CARREIRAS PROMISSORAS   A cada dia aparecem novas carreiras...

Engenharia de Software e de Sistemas, Programação Visual e de Dados, Analista
de Suporte. Analista em Tecnologia da Informação, Desenvolvedor de Sistemas;
Gerenciamento de Marketing Digital, Advocacia especializada em fusões de
empresas, Especialista em Tributação, Tecnologia da Informação voltada para o
e-commerce... Prático, Gerenciamento em TI, Gerente de logística, Analista
tributário, Engenheiro de cálculos estruturais, Superintendente comercial de
seguros e resseguros, Engenharia Elétrica e Automação, Diretor de frota,
Gerente de comunicação e marketing, Gerente de contratos de obras de
infraestrutura, Diretor-superintendente de shopping center, Gerente jurídico de
Bancos, Organizador de eventos, Engenharia Mecânica e Metalúrgica,
Engenharia de Telecomunicações, Designer gráfico, Mestre de obras da
construção civil, Medicina Odontologia Engenharia Civil...   Você pode escolher
uma dela e com persistência e muito estudo, conquistá-la. Batalhe por isto.

54 PORTAL MAIS EMPREGO

A página disponibiliza as vagas existentes em todo o país no Sistema Nacional de
Emprego, permitindo que trabalhadores pesquisem por ofertas e se candidatem a
processos de seleção e facilita o acesso às vagas sem que seja necessário se
deslocar até uma agência.
Para ter acesso ao portal, é preciso ter um cadastro. O empregador poderá
escolher as vagas selecionar o perfil da pessoa que pretende contratar, acessar
currículos e se comunicar com as pessoas que se candidataram a ocupar a vaga

ofertada. E o trabalhador poderá procurar opções próximas da localidade onde mora, enviar currículos e candidatar-se às vagas, além de ter acesso a outros serviços como acompanhar, por exemplo, o depósito do Fundo de Garantia do Tempo de Serviço (FGTS).
Entre em um site de buscas e digite:
Ministério do Trabalho e Emprego/mais empregos/nome da cidade
Ali você encontrará endereços de postos de atendimento ao trabalhador Há um PAT (posto de atendimento ao trabalhador) em qualquer cidade do Brasil

55 TECNOLOGIA DA INFORMAÇÃO: UMA PROFISSÃO ALTAMENTE REMUNERADA: Uma profissão altamente remunerada

Diretor de TI/CIO – Diretor de tecnologia/CTO – Diretor de segurança/CSO – Superintendente de TI – Gerente de TI – Coordenador de TI – Gerente de projetos – Analista de sistemas – Arquiteto de aplicações – Analista de negócios – Consultor ERP – Analista de testes – Engenheiro de Big Data – Gerente de Big Data – Administrador de Big Data – Arquiteto de dados – Cientista de dados – Analista de BI – Gerente de segurança da informação – Gerente de produto – Engenheiro de software – Desenvolvedor de software – Desenvolvedor mobile – Gerente de infraestrutura – Analista de suporte desktop – Help Desk Nível 3 – Help Desk Nível 2 – Help Desk Nível 1 – Desenvolvedor web – Desenvolvedor web front-end – Web designer – Gerente de telecomunicações – Engenheiro/Arquiteto de redes – Administrador de redes
VOCÊ É ESPECIALISTA NESTES DOMINIOS? HEADHUNTERS PODERÃO ESTAR À SUA PROCURA.

56 GUIA DE MÍDIA
Site espetacular:
contém o nome de todos os principais jornais e revistas do Brasil e do Mundo. (Nenhum jornal é bolsa de empregos porém, a maioria anuncia empregos). Contém também blogs de jornalistas. Nestes blogs especialmente, você pode participar como networking, expondo seu interesse por um emprego. Certamente você conseguirá ajuda.
Entre em um site de buscas e digite: GUIA DE MIDIA
abra o site acima e é só escolher a cidade e o jornal/emprego.
Por exemplo:
IguapeSp/jornal GAZETA CAIÇARA/empregos
São Paulo/nome do jornal/empregos
Recife/nome do jornal/empregos
New York/nome do jornal/employment
Roma/nome do jornal/occupazione
Paris/nome do jornal/travail
Berlin/nome do jornal/Job
Москва/nome do jornal работа
Pequim/nome do jornal/工作
Em qualquer cidade do mundo, onde haja um jornal, e seguir os exemplos acima.
Para traduzir para o Português, abra um TRADUTOR on line.

CURSOS NACIONAIS OU INTERNACIONAIS GRATUITOS OU PAGOS
Centenas de 1906cursos gratuitos ou pagos nacionais ou internacionais on-line
São cursos online que visa a participação ilimitada e acesso livre via web. Além de materiais de cursos tradicionais, como conferências filmadas, leituras e conjuntos de problemas, muitos MOOCs proporcionam fóruns de usuários interativos para apoiar interações com a comunidade entre os alunos, professores e assistentes pedagógicos MOOCs são um desenvolvimento recente e amplamente pesquisado em educação à distância.
Entre em um site de busca e digite CURSOS MOOC.
Abra os links e pesquise o que for de seu interesse.

58 PROGRAMA JOVEM CIDADÃO   Meu Primeiro Trabalho...

Oferece aos estudantes do ensino médio da rede pública estadual a oportunidade de inserção no mercado de trabalho por meio de estágio remunerado em empresas e entidades sem fins lucrativos.
Público-alvo
Estudantes de 16 a 21 anos e com frequência efetiva no ensino médio da rede pública.
Entre em um site de buscas e digite
PROGRAMA JOVEM CIDADÃO/Meu Primeiro Trabalho

59 PADEF (PROGRAMA DE APOIO À PESSOA COM DEFICIÊNCIA)
                              Tem como objetivo ajudar as pessoas com deficiência...

Tem como objetivo ajudar as pessoas com deficiência a conseguirem uma colocação no mercado de trabalho. O interessado deve inscrever-se online.
Cursos de qualificação profissional e orientação, ampliarão as possibilidades de inclusão no mercado.
Em toda cidade brasileira há um posto do P.A.T. (posto de atendimento ao trabalhador). Procure um desses postos e peça informações sobre emprego, currículo, cursos de qualificação profissional para deficientes físicos. Ali você sempre encontrará ajuda.
Entre em um site de buscas e digite:
PADEF
DEFICIENTE FISICO/EMPREGO/nome da cidade
PESSOA COM DEFICIENCIA/nome da cidade
Plano Nacional dos Direitos da Pessoa com Deficiência – Viver sem Limite

60 SISUTEC (Sistema de Seleção Unificada da Educação Profissional e Tecnológica)

A inscrição deverá ser feita exclusivamente, pelo site do Sisutec.

Não é cobrada taxa de inscrição ou matrícula.

O objetivo do Sisutec é qualificar mão de obra para o mercado de trabalho.

Do total de vagas ofertadas pelo Sisutec a maior parte são de responsabilidade de instituições privadas

Entre os eixos tecnológicos do Sisutec estão ambiente e saúde, informação e comunicação, gestão e negócios, processos industriais, segurança, turismo e infraestrutura.

Entre em um site de buscas e digite:

SISUTEC/CURSOS/VAGAS/INSCRIÇÕES abra o link e faça a sua inscrição.

61 BOLSA FAMÍLIA   Veja aqui como se cadastrar...

Entre em um site de buscas e digite:

BOLSA FAMÍLIA/INSCRIÇÕES

COM OS DOCUMENTOS PESSOAIS DE TODOS OS INTEGRANTES DA FAMÍLIA, VÁ ATÉ A PREFEITURA DE SUA CIDADE PARA QUE SEJA INCLUIDO NO CADASTRO ÚNICO PARA PROGRAMAS SOCIAIS DO GOVERNO FEDERAL.

VOCE PODE PROCURAR TAMBÉM A AGÊNCIA DA CAIXA ECONÔMICA FEDERAL MAIS PRÓXIMA OU LIGAR PARA O TELEFONE 0800 707 2003

objetivos do programa

Combater a fome e promover a segurança alimentar e nutricional; Combater a pobreza e outras formas de privações das famílias; Promover o acesso à rede de serviços públicos, em especial, saúde, educação, segurança alimentar e assistência social

Quem pode participar do programa

A população alvo do programa é constituída por famílias em situação de pobreza ou extrema pobreza.

As famílias pobres participam do programa, desde que tenham em sua composição gestantes e crianças ou adolescentes entre 0 e 17 anos. E mantenha seus dados sempre atualizados, informando à prefeitura qualquer mudança, como de endereço e telefone de contato e modificações na constituição de sua família, como nascimento, morte, casamento, separação, adoção, etc.

62 PREPARANDO-SE PARA O EMPREGO   tudo o que você precisa saber...

O que todo candidato novato deve ter em mente durante uma entrevista é que as grandes companhias procuram novos talentos para um estágio de dois anos para poder prepara-lo para trainee e daí, para uma carreira dentro do perfil da empresa.

Já, candidatos com experiência na área da empresa, comporta-se com sabedoria durante uma entrevista, diferenciando-se do não experiente.

Não basta o candidato apresentar um bom diploma. O candidato esperto pesquisa muito sobre a empresa e por isto, mostra-se interessado na área em que irá atuar, diferenciando-se.

Há neste livro, boas dicas de entrevistas e dinâmicas de grupos. Mas, é também Inteligente, em um site de buscas, digitar: ENTREVISTAS DE EMPREGOS

DINÂMICAS DE GRUPO e abrir todos os links e pesquisar tudo.
Abra no YouTube, links sobre entrevistas de empregos em vídeo. Abra todas e
estude. Com certeza você estará muito bem preparado.

63 JOVENS TALENTOS E VETERANOS EXPERIENTES = UMA EMPRESA
MODERNA   o que você precisa saber...

Através dos trainees, a modernidade veio avassaladora a dominar o mercado
empresarial. Num ambiente onde o jovem recém-formado é treinado e
qualificado para a Empresa, com certeza o sucesso está garantido. Porém, o que
se verifica é que onde há jovens talentosos, tem que haver veteranos experientes
A empresa que assim não procede pode lamentar-se do excesso de extravagâncias
oriundas da falta de experiência. E todo jovem, talentoso de verdade, conhece os
riscos, como também os seus limites e, em sendo assim, é de bom alvitre ter a
companhia de veteranos experientes.

Contratar jovens talentos e treiná-los para um comprometimento com a empresa,
torna-se mais fácil mantê-los empenhados e motivados,

64 PRONATEC

GOVERNO FEDERAL CURSOS TÉCNICOS GRÁTIS em todo o BRASIL
(PROGRAMA NACIONAL DE ACESSO AO ENSINO TÉCNICO E
EMPREGO)
O Pronatec, através de cursos técnicos e cursos de formação inicial e continuada
busca ampliar as oportunidades educacionais e de formação profissional
qualificada aos jovens, trabalhadores e beneficiários de programas de
transferência de renda, utilizando-se da Rede Federal de Educação Profissional,
Científica e Tecnológica, as unidades de ensino dos Serviços Nacionais de
Aprendizagem SENAI, SENAC, SENAR e SENAT) e instituições de educação
profissional, e fortalecimento da educação profissional integrada ao ensino médio
nas redes estaduais.
Inscreva-se:
Entre em um site de buscas e digite: PRONATEC
http://sistec.mec.gov.br/meu-cadastro
portal.mec.gov.br
pronatec.mec.gov.br/inscricão/
pronatec.mec.gov.br/
pronatec inscricões
inscricões do pronatec
pronatec cursos gratuitos
pronatec gov br inscricoes
pronatec senai
pronatec senai inscricoes
pronatec mec gov br
pronatec cursos
inscrição pronatec senai
pronatec inscricao

inscricões para pronatec
cursos da pronatec
Abra o link e siga as instruções

65 ACEITANDO CRÍTICAS

Seu progresso profissional pode depender de um feedback. A partir de críticas e aconselhamentos feitos por seu chefe, sua carreira pode melhorar muito. Basta aceitar o feedback como uma reciclagem na carreira.
Feedback positivo, através de elogios, nos estimula a atingir a uma rápida evolução no terreno profissional ao passo que um feedback negativo, através de críticas ou admoestações, nos leva a repensar nossa atuação e reeditá-la com mais competência.

66 MOVIMENTE-SE

"Desde Adão e Eva, o Ser Humano se move em todos os cantos do nosso Planeta. Enquanto alguns vão, outros vêm. Você sabe disso. E, todos procurando lugares melhores para uma vida melhor ".
Não há trabalho apenas em sua cidade. Existe emprego em todos os lugares. Em todos lugares, há pessoas trabalhando. Então, há trabalho em todos os lugares. O mundo é muito grande. Não se acalme em um lugar pequeno. Vá em frente. Nossa vida é uma dinâmica. Do Polo Norte ao Polo Sul, da América do Sul ao Japão, do Canadá a China, há muito espaço e trabalho. Lembre-se sempre: você, seus pais, seus avós, vieram de onde? Ninguém nasceu para ficar plantado em um só lugar. Você sabe disso. Vá em frente. ESCOLHA A CIDADE, LEGALIZE OS DOCUMENTOS, APRENDA A LÍNGUA E, EXPLORE NOVOS HORIZONTES.

67 CURSOS GRATUITOS ENCONTRADOS NO YOU TUBE
Centenas de cursos gratuitos pelo YouTube
Digite YouTube/cursos gratuitos
Faça cursos gratuitos e aumente as suas qualificações

68 CURSOS ONLINE GRATUITOS

Abra um site de busca e digite:
Cursos online gratuitos
700 cursos online gratuitos
700 cursos online grátis das melhores universidades do mundo
Abra os links e pesquise sobre os cursos de seu interesse.

69 TUDO SOBRE BOLSAS DE ESTUDOS NO BRASIL E NO EXTERIOR

Abra um site de buscas e digite:
BOLSAS DE ESTUDOS NO BRASIL E NO EXTERIOR
BOLSAS DE ESTUDOS NO BRASIL

BOLSAS DE ESTUDOS/NOME DO PAÍS
BOLSAS DE ESTUDOS NO EXTERIOR/COMO CONSEGUIR
Abra os links e pesquise as bolsas de seu interesse.
Entre no YouTube e pesquise sobre bolsas de estudos

70 MENOR APRENDIZ

Conforme a Constituição Brasileira, é proibida a realização de qualquer tipo de trabalho por jovens com menos de 16 anos – a não ser que se trate de um aprendiz, que tenha no mínimo 14 anos e possua um contrato especial de trabalho no qual, entre outras exigências, seja respeitada a obrigatoriedade de frequência no ensino regular, como exige o Estatuto da Criança e do Adolescente.

Todo jovem aprendiz, em seus 16 ou 17 anos de idade, além de seu sonho universitário ainda incerto, também incertos são seus passos rumo à qualificações profissionais, como, cursinhos intensivos, cursos de línguas presenciais ou on-line, palestras inócuas, workshops, blogs mas, em sua auto-estima, vive confiante em seu presente mesmo que, titubeando em rumo ao futuro porém, em seu passo-a-passo, competências incertas, são absorvidas em seu caminhar. Mas, mesmo incertos, seu arsenal de qualificações acaba por rechear suas vivências e tornando-o confiante rumo ao futuro.

Abra um site de busca e digite:
MENOR APRENDIZ/nome de sua cidade

71 EMPREGO? NINGUÉM TEM GARANTIAS

Você já parou para pensar no que ocorreu com os operários das fábricas de lâminas de barbear? É claro, foram remanejados para as fábricas de novos produtos. Será? ou com certeza? E os operários das fábricas de câmeras e filmes fotográficos?
Nenhum emprego é eterno. Então, planejar estratégias e alternativas para o futuro é uma garantia de que o sucesso dos trinta anos de idade, continuará aos quarenta, cinquenta, sessenta. E como? Fazer investimentos futuros com as sobras de hoje? Ir mergulhando no mercado empresarial por conta própria com gerenciamento de terceiros? Reciclando-se sempre dentro de sua carreira? Aprender outras profissões paralelamente à sua? A melhor estratégia somente você deverá montar.
Mas e se você for um simples operário, com salário de sobrevivência? Como preparar uma estratégia de segurança? Então o negócio é procurar cursos de reciclagens gratuitos. Procure o Senac, o Senai, o Sesc. É o caminho mais rápido para uma nova profissão. Há neste site, os ensinamentos de várias profissões. Como também modelos de qualificações e a partir da página 39, cursos de qualificação profissional, totalmente gratuitos, com centenas de opções.

E ainda,
Qualificação profissional constante é a solução. Se você é

um mecânico de automóveis, faça cursos para mecânico de caminhões ou máquinas agrícolas. Seja você, médico, engenheiro, advogado, dentista, professor, comerciário, operário, tenha sempre um trunfo em suas mãos. Não fique esperando o desemprego acontecer para reciclar-se profissionalmente.   -
Mergulhe nos seus projetos. Quando você sai à procura de um emprego, aja como se o trabalho já fosse seu.

                                        -Em qualquer país ou cidade
do planeta, onde quer que você esteja, siga os ensinamentos deste livro, pois suas chances de conseguir um emprego serão bastante aumentadas.

72 SINDICATOS E FEDERAÇÕES

TODOS OS SINDICATOS POSSUEM UM BALCÃO DE EMPREGOS Acesse o site do sindicato de sua área de trabalho ou de estudo. Ali você será bem orientado. Abra o site **PORTAL DAS INDUSTRIAS** e pesquise
Sind. Nacional da Ind. da Construção Pesada
Sind. Nacional da Ind. da Construção Naval
Sind. Nacional da Ind. da Extração do Estanho
Sind. Nacional da Ind. da Extração do Ferro e Metais Básicos
Sind. Nacional da Ind. de Águas Minerais
Sind. Nacional da Ind. de Máquinas
Sind. Nacional da Ind. de Refratários
Sind. Nacional da Ind. do Cimento
Sindicato das Industrias de Laticínios do Estado do Pará
Sindicato Nacional da Industria da Cerveja
Sindicato Nacional da Indústria de Álcalis
Sind. Nac.da Ind. de Componentes para Veículos Automotores
Sindicato Nacional da Indústria de Defensivos Agrícolas
Sindicato Nacional da Indústria de Forjaria
Sindicato Nacional da Indústria de Máquinas
Sind.Nac. da Ind. de Pneumáticos, Câmaras de ar
Sind. Nacional da Indústria de Produtos para a Saúde Animal
Sindicato Nacional da Indústria de Tratores, Caminhões, Automóveis e Veículos Similares
Sindicato Nacional das Indústrias de Produtos de Limpeza
Sindicato Nacional das Indústrias Siderúrgicas
Sind.Nac.dos Coletores e Benef. de Sub-Prod de Origem Animal
Sindicato Nacional dos Garimpeiros
Entre em um site de buscas e digite:

http://www.portaldaindustria.com.br/cni/institucional/sindicatos-por-estado/
GUIA TRABALHISTA/SINDICATOS
TODOS OS SINDICATOS POSSUEM UM BALCÃO DE EMPREGOS Acesse o site do sindicato de sua área de trabalho ou de estudo. Ali você será bem orientado.

FEDERAÇÕES

Abra um site de pesquisas e digite o nome da federação de sua profissão. E pequise informações sobre empregos

Sistema FIEAC   SESI-DR/AC IEL NR/AC   FEDERAÇÕES

http://www.fieac.org.br/   Federação das Indústrias do Estado do Acre

www.fiea.org.br Federação das Indústrias do Estado de Alagoas

Site: www.sindindustria.com.br/am Federação das Indústrias do Estado do Amazonas

www.sindindustria.com.br/ap Federação das Indústrias do Estado do Amapá – FIEAP

www.fieb.org.br Federação das Indústrias do Estado da Bahia

www.sfiec.org.br Federação das Indústrias do Estado do Ceará

Federação das Indústrias do Distrito Federal   www.sistemafibra.org.br

www.sistemafindes.org.br   ederação das Indústrias do Estado do Espírito Santo

www.sistemafieg.org.br Federação das Indústrias do Estado de Goiás

: www.fiema.org.br   Federação das Indústrias do Estado do Maranhão

www.fiemg.com.br Federação das Indústrias do Estado de Minas Gerais

www.fiems.org.br   Federação das Indústrias do Estado de Mato Grosso do Sul

www.fiemt.com.br Federação das Indústrias no Estado de Mato Grosso

www.fiepa.org.br Federação das Indústrias do Estado do Pará

www.fiepb.com.br   Federação das Indústrias do Estado da Paraíba

www.fiepe.org.br Federação das Indústrias do Estado de Pernambuco

www.fiepi.com.br   Federação das Indústrias do Estado do Piauí www.fiepr.org.br   Federação das Indústrias do Estado do Paraná

www.firjan.org.br   Federação das Indústrias do Estado do Rio de Janeiro

www.fiern.org.br   Federação das Indústrias do Estado do Rio Grande do Norte

www.fiero.org.br   Federação das Indústrias do Estado de Rondônia

www.fier.org.br   Federação das Indústrias do Estado de Roraima

www.fiergs.org.br   Federação das Indústrias do Estado do Rio Grande do Sul

www.fiescnet.com.br   Federação das Indústrias do Estado de Santa Catarina

www.fies.org.br   Federação das Indústrias do Estado de Sergipe

www.fiesp.org.br   Federação das Indústrias do Estado de São Paulo

www.sindindustria.com.br/to   Federação das Indústrias do Estado do Tocantins

73 ASSUNTOS TRABALHISTAS

Todos os assuntos abaixo são de interesse do trabalhador.
Abra um site de buscas e digite o assunto de seu interesse

Abono salarial
Aprendizagem/qualificações
Ações do PNPE
Acordo coletivo de trabalho
Assistência na rescisão de contrato de trabalho
Cadastro de empregados e desempregados CAGED
Cadastro nacional dos sindicatos
Comissão de conciliação
Conselho nacional de imigração CLT
Consolidação das leis trabalhistas
Contribuição sindical
Direito de greve
Direitos trabalhistas
Fiscalização do trabalho
Fundo de amparo ao trabalhador FAT
Fundo de garantia do tempo de serviço FGTS
Jovem cidadão
Posto de atendimento ao trabalhador PAT

Jovem cidadão
Posto de atendimento ao t
Trabalhador PAT
Programa de alimentação do trabalhador
Programa nacional de estímulo ao primeiro emprego PNPE
Pro jovem trabalhador
Qualificação profissional
Registro sindical
Salário mínimo por categoria
Segurança no trabalho
Seguro desemprego
Sistema nacional de empregos SINE
Trabalho autônomo Trabalho doméstico
Trabalho escravo
Trabalho estrangeiro
Trabalho infantil
Trabalho temporário
Trabalho do deficiente físico
Trabalho do pro egresso

Entre em um site de busca e digite:
MINISTERIO DO TRABALHO E EMPREGO/LEGISLAÇÃO TRABALHISTA e Secretaria Especial de Previdência e Trabalho (Seprt) do Ministério da Economia

Legislação trabalhista

Trabalhador/legislação

Entre em um site de buscas e digite o item abaixo de seu interesse:
Emprego e Renda
Fundo de Amparo ao Trabalhador – FAT Fundo de Garantia do Tempo de Serviço – FGTS Sistema Público de Emprego, Trabalho e Renda Abono Salarial Carteira de Trabalho e Previdência Social – CTPS Intermediação de Mão de Obra – IMO (SINE) Políticas de Juventude Programa de Geração de Emprego e Renda – PROGER Programa Nacional de Microcrédito Produtivo Orientado – PNMPO Qualificação Profissional Salário Mínimo Seguro-Desemprego Inspeção do Trabalho: Combate ao Trabalho Escravo Combate ao Trabalho Infantil Fiscalização do Trabalho Segurança e Saúde no Trabalho Programa de Alimentação do Trabalhador – PAT Economia Solidária Programa Economia Solidária em Desenvolvimento Conselho Nacional de Economia Solidária – CNES Sistema Nacional de Informações em Economia Solidária – SIES Conferência Nacional de Economia Solidária
Relações de Trabalho: Assistência e Homologação de Rescisão de Contrato de Trabalho Cadastro Nacional de Entidades Sindicais Combate à Discriminação no Trabalho Comissões de Conciliação Prévia

Mediação Registro de Convenções e Acordos Coletivos de Trabalho Contribuição Sindical Fórum Nacional do Trabalho – FNT
Registro de Convenções e Acordos Coletivos de Trabalho Trabalho Doméstico Trabalho Temporário
Internacional: Cartilha: Brasileiras e Brasileiros no Exterior – Informações Úteis Relações Internacionais Trabalho Estrangeiro
ABRA no site do MINISTERIO DO TRABALHO E EMPREGO E CLIQUE NO ASSUNTO QUE LHE INTERESSA

75 UTILIDADES

1-O mercado de empregos é competitivo. **Métodos criativos e diferenciados na busca pelo emprego, tem a cada dia chamado a atenção: faixas anunciando a busca, camiseta anunciando a procura pelo emprego, desempregado distribuindo seu currículo nos semáforos. Tudo é valido e honrado. Nunca fique sentado esperando que alguma coisa aconteça, pois nada acontecerá.**
2-Empregadores estão a cada dia mais seletivos. Por isto, você terá que expor suas qualificações para empresas abarrotadas de currículos.
3-Decida-se sobre as opções interessantes.
4-Decida sobre como você quer trabalhar: tempo integral, parcial, casual, por contrato, terceirizado ou autônomo.
5-Discuta suas opções com seu círculo de relacionamento.
6-Abra-se para novas possibilidades.
7-Faça um cronograma de pesquisa de empregos e abra uma conta de e-mail;
8-Treine simulações de negócios nos sites de grandes empresas e ganhe experiência.
9-Organize etapas na procura por um emprego.
10-Atualize seu currículo. Adapte-o a cada oportunidade de emprego.
11-Todo currículo equivale ao seu folheto publicitário.
12-Pesquise modelos e estilos diferenciados de currículos na internet.
13-Prepare uma lista de contatos, registrando os detalhes de cada um: data, Telefone, e-mail.
14-Use o outlook (aplicativo de e-mails para celulares) e sinalize-se para follow-up (avaliação de algo que já foi feito, para obter uma resposta).
15-Ao procurar emprego, planeje-se.
16-Trabalho voluntário ou temporário pode abrir as portas para um trabalho efetivo.
17-Construa relacionamentos via network: (Network é uma das formas mais rápidas de procurar emprego). É onde você se conecta com outras pessoas e expõe a sua necessidade de encontrar emprego. Quase todas as pessoas sabem o que é estar fora do mercado de trabalho e, simpatizarão com sua situação. Crie sua rede de contatos inicialmente com amigos e familiares, parentes, conhecidos, vizinhos, colegas de escola, colegas de time, colegas de clube, antigos amigos, pessoas de sua igreja, etc.
Envie um e-mail, um zap, ou um telefonema para todos explicando a sua necessidade de conseguir um emprego. Se puderem, terão prazer em ajudá-lo. O network é uma rede de relacionamentos. Não fique isolado, use a rede network para se expor. Faça uma lista de e-mails. Sempre haverá alguém interessado em suas qualificações.

18-Decida sobre o tipo de trabalho que mais lhe interessa, distância de sua casa o outras opções.

19-Escolha áreas interessantes ao fazer um curso de qualificação profissional para que não seja uma perda de tempo.

20-Planeje-se sempre ou você poderá frustrar-se.

21-Mesmo que o seu interesse seja apenas no Brasil, consulte as técnicas utilizadas pelos agenciadores e empregos internacionais.

22-Quase sempre, os melhores empregos nunca são anunciados. Ficam à disposição dos agenciadores. Portanto, fique atento.

23-ao deixar um emprego, sempre é bom que sua saída seja tranquila pois, você poderá necessitar de cartas de apresentação e confirmação sobre a sua atuação na empresa.

24-Atualmente a maioria das entrevistas são feitas on-line.

25-Trace rotas ou métodos diferenciados na procura pelo emprego. Seja via network ou e-mail, contate todas as empresas ou mesmo pelos Correios, via Carta pedindo emprego ou, indo pessoalmente de empresa em empresa com seu currículos na mão ou, através de uma agência de empregos ou, através de um balcão de empregos ou mesmo através de um agenciador ou ainda, através de informes de vagas expostas em jornais, na internet, anúncios d TV, Rádio, cartazes com anúncio de vagas, etc..

26- ENTRE NESTES SITES USE UM TRADUTOR VIRTUAL E VEJA DICAS INCRÍVEIS QUE IRÃO TE AJUDAR MUITO. E TIRE PROVEITO

LEARN TO LOOK FOR EMPLOYMENT/US

Aprender a encontrar TRABAJO/ESPANHA

IMPARARE per trovare lavoro/ITALIA

EN SAVOIR POUR TROUVER DU TRAVAIL

LEARN ARBEIT FINDEN

仕事を見つけることを学びます (Shigoto o mitsukeru koto o manabimasu career builder

Monster com

Career centre dtwd wa

portal chinês 學會找工作 (abra o site e entre no Google tradutor)i

Digite o nome de qualquer grande cidade do exterior/emprego

Abra um tradutor e traduza a palavra EMPREGO -NOME DE SUA PROFISSÃO – EMPRESA – CIDADE – PAÍS – na língua do país de seu interesse. Digite o nome da cidade com a palavra EMPREGO ou AGENCIA DE EMPREGOS ou AGENCIADOR DE EMPREGO

PESQUISE ENTREVISTAS DE EMPREGOS E DINÂMICAS DE GRUPO NO YOUTUBE

27-Não é porque você terminou um mestrado, doutorado, uma pós-graduação ou uma formação no exterior, que necessariamente terá um aumento salarial ou uma progressão. Isto virá somente após você produzir resultados positivos para a Empresa. Com certeza, após qualquer conclusão acadêmica, sua valorização estará em evidência mesmo que seja a longo prazo.

28-"Suas qualificações estão acima daquilo que necessitamos para esta função". E aí vem o dilema: aceitar um salário inferior? Virar as costas, criticar a empresa e continuar de porta em porta com o currículo na mão? Frustrar-se e entrar em letargia depressiva? Somente você decidirá seu caminho.

29-Estou feliz com o meu emprego? Posso conseguir um emprego melhor? Qual é o melhor emprego: aquele que paga um salário de 300 dólares onde todos parecem felizes ou o de 3.000 dólares onde todos parecem indiferentes?

como conseguir emprego em sua Cidade, em seu Estado ou em qualquer Cidade do mundo

PROCURE NESTES SITES, O SEU EMPREGO:

Ministério da Economia Trabalho, Emprego e Previdência.gov.br
http://trabalho.gov.br/aprendizagem
http://trabalho.gov.br/rede-de-atendimento
http://trabalho.gov.br/noticias/7008-conheca-os-servicos-da-secretaria-especial-de-previdencia-e-trabalho-para-o-trabalhador

Secretaria Especial de Previdência e Trabalho do Ministério da Economia/emprego   trabalho.gov.br

http://trabalho.gov.br/noticias/7008-conheca-os-servicos-da-secretaria-especial-de-previdencia-e-trabalho-para-o-
trabalhador
http://www.mte.gov.br No LINK rede de atendimento
ou
http://www.mte.gov.br NO LINK emprega Brasil
https://meusucesso.com/artigos/gestao/20-perguntas-e-respostas-na-hora-da-entrevista-de-emprego-1780/
https://www.rhportal.com.br/artigos-rh/50-perguntas-entrevista-de-emprego/ http://escola.trabalho.gov.br/
http://trabalho.gov.br/perguntas-frequentes
http://trabalho.gov.br/empreendedorismo
http://trabalho.gov.br/
http://www.protecaoeventos.com.br/site/content/noticias/noticia_detalhe.php?pagina=107&id=JajjJyjg   telefone158
https://www.senado.gov.br/noticias/jornal/cidadania/TelefonesCidadao/not02.htm

https://www.gov.br/pt-br/noticias/trabalho-e-previdencia/2020/03/servicos-da-secretaria-especial-de-previdencia-e-trabalho

Secretaria Especial de Previdência e Trabalho do Ministério da Economia.gov.br

-E digite   "quero emprego"

-Na procura pelo emprego, todo tipo de informação deve ser pesquisada. Ligue ou entre em contato pelo e-mail.

Confira abaixo a lista com os contatos com secretarias de governo de cada unidade da federação:

Acre: (68)3212-3300, trabalho.ac@mte.gov.br

Alagoas: (82)3311-2627, trabalho.al@mte.gov.br

Amazonas: (92)3216-9254, trabalho.am@mte.gov.br

Amapá: (96)3223-6759, trabalho.ap@mte.gov.br

Bahia: (71)3329-8402, trabalho.ba@mte.gov.br

Ceará: (85)3878-3603, trabalho.ce@mte.gov.br;

Distrito Federal: (61)2031-0118, trabalho.df@mte.gov.br;

Espírito Santo: (27)3211-5201, trabalho.es@mte.gov.br;

Goiás: (62) 3227-7000, trabalho.go@mte.gov.br;

Maranhão: (98)3213-1984, trabalho.ma@mte.gov.br;

Minas Gerais: (31)3270-6160/6172, (31) 32706163/6110, trabalho.mg@mte.gov.br;

Mato Grosso do Sul: (67) 99924-7560, trabalho.ms@mte.gov.br;

Mato Grosso: (65)3616-4801, trabalho.mt@mte.gov.br;

Pará: (91)99832-2254, trabalho.pa@mte.gov.br

Paraíba: (83)2107-7600, trabalho.pb@mte.gov.br;

Pernambuco: (81)3427-7981, trabalho.pe@mte.gov.br;

Piauí: (86)3222-6401, trabalho.pi@mte.gov.br;

Paraná: (41)3901-7507, trabalho.pr@mte.gov.br;

Rio de Janeiro: (21)2212-3572/3560, trabalho.rj@mte.gov.br;

Rio Grande do Norte: (84)3220-2000, trabalho.rn@mte.gov.br;

Rondônia: (69)3217-3702, trabalho.ro@mte.gov.br;

Roraima: 95-3623-3527, trabalho.rr@mte.gov.br;

Rio Grande do Sul: (51)3213-2926/2929, trabalho.rs@mte.gov.br;

Santa Catarina: (48)3229 9700, trabalho.sc@mte.gov.br;

Sergipe: (79)3198-3250, trabalho.se@mte.gov.br;

São Paulo: (11)2113-2811/2760/2812, trabalho.sp@mte.gov.br;

Tocantins: (63)3218-6026, trabalho.to@mte.gov.br

-Ótimos sites de pesquisa de emprego

LinkedIn. www.linkedin.com. ...

www.catho.com.br. ...

www.infojobs.com.br. ...

www.empregos.com.br. ...

www.sine.com.br. ...

www.indeed.com.br. ...

estágios   www.ciee.org.br. ...

www.manager.com.br.

-Ao dirigir-se a uma Agência de Empregos, tenha às mãos os seguintes documentos: Carteira de Identidade, Carteira de Trabalho, CPF, Comprovante de residência, Comprovante Escolar e Cursos de capacitação profissional

-Uma Agência de Empregos prepara o currículo do candidato a emprego adaptando-o ao perfil da necessidade das empresas que ofereçam vagas; envia o currículo para as empresas, disponibiliza o currículo a várias redes sociais específicas para empregos,   prepara o candidato para a entrevista; disponibiliza ao candidato uma lista de vagas de empregos ofertadas pelas empresas.

A maioria das agências de empregos cobram pelo serviço prestado. Combine os valores antes de assinar qualquer contrato.

-Toda grande empresa possui em seu anúncio, um link escrito: "trabalhe conosco". É fundamental acessar este link.

(ABRA SEU ESTADO, MUNICIPIO PAÍS E A PROFISSÃO DESEJADA)
OCUPAÇÕES BEM REMUNERADAS
Pesquise cada uma das ocupações baixo e persiga-as até conseguir conquistá-las. Medicina Odontologia Engenharia Civil Engenharia Química Engenharia Mecânica e Metalúrgica Engenharia Elétrica e Automação Engenharia de Transportes Engenharia de vendas Engenheiro de cálculos estruturais Engenheiro de processos Estatística Setor Militar Engenheiro de processos Engenharia de vendas para a indústria Editor Analista de projetos logísticos Profissional de produtos e categoria Analista-tributário Gerente de logística Gerente-jurídico de bancos Analista de projetos logísticos Gerente de vendas Reitor Superintendente comercial de seguros e resseguros Gerente regional de shopping centers Gerente de comunicação e marketing Jornalista Gerente nacional de vendas de telecomunicações Apresentador de programa de televisão Gerente-industrial Gerente-tributário sênior Diretor-tributário Diretor-industrial Diretor-jurídico de bancos Diretor de recursos humanos Profissional de produtos e categoria Analista Diretor-superintendente de shopping center Diretor médico de hospitais Diretor-do mercado de tecnologia Diretor do mercado de seguros e resseguros Diretor-administrativo financeiro Gerente de Banco Diretor-geral de operadoras de óleo e gás Diretor de infraestruturas Diretor agropecuário Diretor jurídico Diretor de E-commerce Diretor de serviços Diretor de contas Diretor de vendas Gerente de TI Gerente de obras Gerente de operações Gerente regional Diretor de RH Técnico de futebol Jogador de futebol da divisão principal Prático Diretor de indústria Gerente-executivo de tecnologia Organizador de eventos Garçom de restaurante movimentado Diretor de Escolas particulares Diretor comercial de telecomunicações Piloto Comandante de navios Diretor de frota Diretor de marketing Político em todas as esferas Gerente de contratos de obras de infraestrutura Gerente de Banco Corretor Vendedor Pesquisador Fiscal zootecnista Analista de remuneração Mestre de obras da construção civil Agentes de viagem Agendador de cargas Gerente de concessionária Diretor de negócios de obras de infraestrutura Artista de TV Publicitário Analista de marketing de produto Prestador de assistência à máquinas industriais Gerente de vendas de automação agrícola Técnico em automação industrial
EXISTEM MILHARES DE OCUPAÇÕES E PROFISSÕES.
Entre em um site de buscas e digite:
Guia das ocupações brasileiras Lista das ocupações brasileiras
E mais,
ESPECIALISTAS EM: REDES, CEO, ANTI-HACKER, TV INTERATIVA,

REDES, BANCO DE DADOS, SEGURANÇA DE SITES, COMÉRCIO ELETRONICO, T.I., ANÁLISE DE SISTEMAS, MONTAGEM E MANUTENÇÃO DE COMPUTADORES, ANÁLISE DA WEB, USABILIDADE, EDITORIA DE CONTEÚDOS, E-BUSINESS, BASE D DADOS, TRAFICKER, ADMINISTRAÇÃO DE BANCO DE DADOS, INFRAESTRUTURA, PROGRAMAÇÃO ORACLE, AdWord
Existem milhares de ocupações bem remuneradas. Abra um site de buscas e digite:
Ocupações/lista ou principais ocupações/lista profissões/lista
SEJA QUAL FOR A OCUPAÇÃO, SEU SUCESSO DEPENDE SOMENTE DE VOCÊ.

"De catador de latinhas hoje a construtor naval amanhã, tudo só depende de um pequeno detalhe: planejamento: prepare o caminho por onde você dará seus passos, planeje-se, programe-se, treine, exercite-se. Nenhum equilibrista caminha por uma corda bamba há 10m do solo, sem antes ter treinado há 10cm de altura".

77 TODOS OS ESTADOS BRASILEIROS e como conseguir emprego neles

Abra um site de pesquisas e faça como nos modelos abaixo. Digite o nome dos Estados de seu interesse, insira o assunto, abra os portais, entre nos links e anote todas as ofertas de empregos. Anote endereços postais, telefones, e-mails e envie seu currículo.

SISTEMA NACIONAL DE EMPREGO   SINE 0800 31 20 31   3.000 POSTOS DO SINE E AGÊNCIAS DE EMPREGOS   (portal.mte.gov.br/sine/) maisemprego.mte.gov.br/emprego

COMPAREÇA EM UM DOS ENDEREÇOS ABAIXO, MUINIDOS DOS SEGUINTES DOCUMENTOS:

IDENTIDADE CPF CARTEIRA DE TRABALHO CARTÃO OU NÚMERO DO PIS COMPROVANTE DE RESIDÊNCIA COMPROVANTE DE ESCOLARIDADE

Entre em um site de pesquisas e digite:

ACRE AC / programa de assistência ao trabalhador desempregado
ALAGOAS AL/ postos de trabalho e emprego
AMAPÁ AP / sistema nacional de empregos
AMAZONAS AM / agências de empregos
BAHIA BA / postos de atendimento ao desempregado
CEARÁ CE / oferta de empregos
DISTRITO FEDERAL DF / concursos públicos
ESPIRITO SANTO ES / seleção de pessoal
GOIÁS GO / balcão de empregos

MARANHÃO MA / 1º emprego
MATO GROSSO MT / emprego para deficientes físicos
MATO GROSSO DO SUL MS / emprego para ex-detentos
MINAS GERAIS MG / atendimento ao trabalhador desempregado
PARÁ PA / desempregado / oferta de empregos
PARAÍBA PB / consultores de recursos humanos
PARANÁ PR / oferta de emprego e trabalho
PERNAMBUCO PE / emprego para mulheres
PIAUÍ PI / secretaria de trabalho e emprego
RIO DE JANEIRO RJ / estágios e trainee
RIO GRANDE DO NORTE RN / oferta de empregos
RIO GRANDO DO SUL RS / emprego ao menor de idade
RONDÔNIA RO / agências de empregos oferta de empregos
RORAIMA RR /postos de atendimento ao trabalhador
SANTA CATARINA SC / secretaria de trabalho e emprego
SÃO PAULO SP / vagas de empregos
SERGIPE SE / oferta de empregos e oferta de trabalho
TOCANTINS TO / trabalho e oferta de emprego

Siga os exemplos abaixo e indique sua cidade.

Digite um site de pesquisa. Insira um dos elementos e o nome da cidade de seu interesse, abra o link, copie ofertas de emprego e envie seu CV
DEPARTAMENTO DE TRABALHO E EMPREGO / sua cidade / Estado
DEPARTAMENTO DE TRABALHO E EMPREGO / sua cidade / Estado
SISTEMA NACIONAL DE EMPREGO / nome da cidade / Estado EMPREGO / nome da cidade / CIDADÃO JOVEM DESEMPREGADO / nome da cidade / / Estado
APRENDIZAGEM PARA O TRABALHO / nome da cidade // Estado
1º EMPREGO / nome da cidade / emprego / Estado
PRECISO DE UM EMPREGO / nome da cidade / emprego / Estado
FRENTE DE TRABALHO / nome da cidade /emprego / Estado
SECRETARIA DO TRABALHO / nome da cidade / emprego / Estado
QUALIFICAÇÃO PROFISSIONAL / nome da cidade / emprego / Estado
EMPREGO PARA O DEFICIENTE FÍSICO / nome da cidade / Estado
MENOR APRENDIZADO PARA O TRABALHO / nome da cidade /
ATENÇÃO AO DESEMPREGADO / nome da cidade / / Estado
DEPARTAMENTO DE TRABALHO E EMPREGO / MAIS EMPREGO / Nome da cidade / Estado
Sistema nacional de emprego / nome da cidade / Estado
Nome da cidade / VAGAS TRABALHADOR DESEMPREGADO

Abra um site de pesquisa, abra os portais e entre nos links
siga os exemplos:

TRABALHO E AJUDA AO EMPREGO / Nome da cidade / Estado
EMPREGADO TEMPORÁRIO / nome da cidade / Estado
SERVIÇOS TEMPORÁRIOS / Nome da cidade / Estado

TRABALHO TEMPORÁRIO / nome da cidade / Estado
TRABALHADOR TEMPORÁRIO / nome da cidade / Estado
BOLSA DE EMPREGO / nome da cidade / Estado
RECURSOS HUMANOS / nome da cidade / Estado
EMPREGO / nome da cidade / Estado
NOME DA CIDADE / PAÍS / EMPREGO
TRABALHADOR AGRÍCOLA / nome da cidade / Estado
EMPREGO VAGAS / nome da empresa / nome da cidade / / ESTÁGIOS/ nome
da empresa / nome da cidade /
TRAINEE / nome da empresa / nome da cidade / Estado

Siga os exemplos indicados e indique sua cidade / Estado

Digite em um site de pesquisa. Insira um dos elementos e o nome da cidade de seu
interesse, abra o link, copie ofertas de emprego e envie seu Currículo
AGÊNCIAS DE EMPREGO / nome da cidade / Estado
Nome do trabalho / cidade /
EMPREGO / nome da empresa / nome da cidade / Estado
EMPREGOS / nome da cidade / Estado
Nome da cidade / profissão / emprego
TRABALHO / Nome da cidade / Estado
POSTOS DE APOIO AO TRABALHADOR DESEMPREGADO / cidade /
AGÊNCIAS DE EMPREGO / mecânico // Nome da cidade / Estado

Siga os modelos e indique sua cidade / o nome da profissão

SELEÇÃO DE PESSOAL / nome da empresa / NOME DA CIDADE /
SELEÇÃO DO TRABALHO / nome da empresa / nome da cidade /
TRABALHO-TEMPORARIO / nome da cidade / Estado
SECRETARIA DE ESTADO DO TRABALHO / EMPREGO /
CONSULTORES EM RECURSOS HUMANOS / nome da cidade /
AVULSO WORK / nome da cidade / Estado
AVULSO TRABALHADOR / nome da cidade / Estado

Como nos modelos anteriores, abra os portais e entre nos links, copie as vagas de
emprego e envie seu currículo ou vá pessoalmente.

vagas de emprego / nome da cidade / Estado
Estação de serviço ao trabalhador insubstituível / nome da cidade /
Programa de assistência ao trabalhador desempregado / nome da cidade / Estado
Programa de trabalho e emprego / nome da cidade /
Programa de Aprendizagem / nome da cidade /

Quanto mais variado forem os termos utilizados, maiores serão suas chances de
emprego.

Entre em um site de busca e digite o nome da sua cidade e muitos outros / nome da sua profissão / emprego / Estado

NUNCA SUBESTIME ESTES ENSINAMENTOS
ENCONTRE AQUI O SEU EMPREGO
ENTRE UM SITE DE PESQUISA E DIGITAR E SEGUIR O MODELO ABAIXO. ABRA TODOS OS PORTAIS, ENTRE NOS LINKS, COPIE AS VAGAS E ENVIE SEU CURRÍCULO. MODELOS VÁLIDOS PARA TODAS AS CIDADES DE IDIOMA ESPANHOL OU OUTRAS LINGUAGENS
ASSISTÊNCIA DE TRABALHADOR / nome da cidade / Estado
CENTRO DE SUPORTE AO TRABALHADOR Desempregado / nome da cidade / Estado
ATENÇÃO AO TRABALHO /POSTOS / Desempregado / nome da cidade / Estado
PROGRAMA DE APOIO AO TRABALHADOR DESEMPREGADO/ nome da Cidade / Estado
EMPREGO AO CIDADÃO / nome da cidade / Estado
EMPREGO / APRENDIZ / nome da cidade / Estado
PROGRAMA DE QUALIFICAÇÃO PROFISSIONAL / nome da cidade
SISTEMA NACIONAL DE EMPREGO / nome da cidade / Estado
MAIS EMPREGOS / nome da cidade / Estado
MAIS EMPREGO / nome do estado / Estado
PROGRAMA DE ASSISTÊNCIA AO TRABALHADOR / nome da cidade
POSTOS DE APOIO AO TRABALHADOR / nome da cidade/Estado
PROGRAMA DE ASSISTÊNCIA AO DESEMPREGADO / nome da cidade
DEPARTAMENTO DE TRABALHO E EMPREGO / MAIS EMPREGOS / nome da cidade /
(envie o seu Currículo pessoalmente ou por correio ou e-mail)
Em muitos postos de atendimento, há um número de telefone. Se possível, ligue para o telefone e descubra o e-mail.
AO ENCONTRAR UMA OPORTUNIDADE DE EMPREGO, DIRIJA-SE AO LOCAL, PORTANDO TODOS OS SEUS DOCUMENTOS:
CARTEIRA DE IDENTIFIDADE
CARTEIRA DE TRABALHO
PROVA DE RESIDÊNCIA
PROVA DE ESCOLARIDADE
Ao descobrir uma oferta de emprego, reúna todos os documentos acima e apresente imediatamente ao local do emprego.
EMPREGO VAGAS / para / nome da cidade
ESPECIALISTAS EM INFORMÁTICA: REDES Anti-Hacker, TV interativa, Redes, Banco de dados, segurança, Comércio Eletrônico, TI, análise de sistemas, manutenção de computadores, web,
NUNCA SUBESTIME ESTAS ORIENTAÇÕES

78 ALGUMAS CIDADES BRASILEIRAS: e como conseguir emprego nelas

Todos os nomes abaixo são cidades polos de uma grande região e, todas elas são boas de empregos.
Nunca se esqueça disto: "Sua cidade é a melhor do mundo".

RIO BRANCO CRUZEIRO DO SUL SENA MADUREIRA TARAUACÁ FEIJÓ
BRASILÉIA SENADOR GUIOMARD PLÁCIDO DE CASTRO XAPURI
MÂNCIO LIMA
MACEIÓ AL/ AGÊNCIAS DE EMPREGO/TRABALHO /CONCURSO
PÚBLICO ARAPIRACA RIO LARGO PALMEIRA DOS INDIOS UNIAO DOS
PALMARES PENEDO SÃO MIGUEL DOS CAMPOS CURURIPE CAMPO
ALEGRE DELMIRO GOLVEIA MARECHAL DEODORO
MACAPÁ AMAPÁ CALCOENE CUTIAS FERREIRA GOMES ITAUBA
LARANJAL DO JARI MAZAGAO OIAPOQUE PEDRA BRANCA DO
AMAPARI PORTO GRANDE PRACUUBA SANTANA SERRA DO NAVIO
TARTARUGALZINHO VITORIA DO JARI
MANAUS (capital) 0_Alvarães 0_Amatura 0_Anama 0_Anori 0_Apui 0_Atalaia
do Norte 0_Autazes 0_Barcelos 0_Barreirinha 0_Benjamin Constant 0_Beruri
0_Boa Vista do Ramos 0_Boca do Acre 0_Borba 0_Caapiranga 0_Canutama
0_Carauari 0_Careiro da Várzea 0_Careiro 0_Coari 0_Codajas 0_Eirunepe
0_Envira 0_Fonte Boa 0_Guajara Humaitá 0_Ipixuna 0_Iranduba 0_Itacoatiara
SALVADOR (capital) FEIRA DE SANTANA VITORIA DA CONQUISTA
CAMAÇARI ITABUNA JUAZEIRO LAURO DE FREITAS ILHÉUS JEQUIÉ
TEIXEIRA DE FREITAS ALAGOINHAS BARREIRAS PORTO SEGURO
SIMOES FILHO PAULO AFONSO EUNAPOLIS SANTO ANTONIO DE
JESUS VALENÇA CANDEIAS GUANAMBI JACOBINA SERRINHA
SENHOR DO BONFIM LUIZ EDUARDO MAGALHAES DIAS D'AVILA
ITAPETININGA IRECÊ CAMPO FORMOSO CASA NOVA BOM JESUS DA
LAPA BRUMADO CONCEIÇAO DO COITÉ ITAMARAJU ITABERABA
CRUZ DAS ALMAS IPIRÁ SANTO AMARO EUCLIDES DA CUNHA ARACI
CATU JAGUAQUARA MONTE SANTO BARRA SANTO ESTEVAO
CAETITÉ RIBEIRA DO POMBAL MACAÚBAS
FORTALEZA CAUCAIA JUAZEIRO DO NORTE MARAANAÚ SOBRAL
CRATO ITAPIPOCA MARANGUAPE IGUATU QUIXADÁ PACATUB A
AQUIRAZ QUIXERAMOBIM CANINDÉ SANTA QUITÉRIA RUSSAS
CRATEÚS TIANGUÁ ARACATI CASCAVEL PACAJUS ICÓ HORIZONTES
CAMOCIM MORADA NOVA ARACAÚ VIÇOSA DO CEARÁ BARBALHA
LIMOEIRO DO NORTE TAUÁ TRAIRI GRANJA BOA VIAGEM ACOPIARA
BEBERIBE EUSÉBIO ITAPAIÉ

Todos os nomes abaixo são cidades polos de uma grande região e, todas elas são
boas de empregos

<u>GOIANIA BRASILIAPLANO</u> PILOTO GAMA TAGUATINGA BRAZLANDIA
SOBRADINHO PLANALTINA PARANOÁ NUCLEO BANDEIRANTE
CEILANDIA GUARÁ CRUZEIRO SAMAMBAIA SANTA MARIA SÃO
SEBASTIÃO RECANTO DAS EMAS LAGO SUL RIACHO FUNDO LAGO
NORTE CANDANGOLANDIA AGUAS CLARAS RIACHO FUNDO VARJÃO
PARK WAY SCIA SOBRADINHO II JARDIM BOTANICO ITAPOÃ SAI
VICENTE PIRES FERCAL VITÓRIA SERRA VILA VELHA CARIACICA
CACHOEIRO DO ITAPEMIRIM LINHARES SÃO MATEUS COLATINA
GUARAPARI ARACRUZ VIANA NOVA VENÉCIA BARRA DE SÃO
FRANCISCO SANTA MARIA DE JETIBÁ MARATAIZES CASTELO SAO
GABRIEL DA PALHA DOMINGOS MARTINS ITAPEMIRIM AFONSO

CLAUDIO
<u>GOIÂNIA</u> APARECIDA DE GOIÂNIA ANÁPOLIS RIO VERDE LUZIÂNIA
ÁGUAS LINDAS DE GOIÁS VALPARISO DE GOIÁS TRINDADE
FORMOSA NOVA GAMA ITUMBIARA SENADOR CANEDO CATALÃO
JATAI PLANALTINA CALDAS NOVAS SANTO ANTÔNIO DO
DESCOBERTO GOIANÉSIA CIDADE OCIDENTAL MINEIROS
CRISTALINA INHUMAS
SÃO LUÍS IMPERATRIZ SÃO JOSÉ DE RIBAMAR TIMON CAXIAS CODÓ
PAÇO DO LUMIAR AÇAILÂNCIDA BACABAL BALSAS BARRA DO
CORDA SANTA INÊS PINHEIRO CHAPADINHA SANTA LUZIA GRAJAÚ
ITAPECURU MIRIM COROATÁ BURITICUPU ARREIRINHAS TUTÓIA
VARGEM GRANDE VIANA ZÉ DOCA
<u>CUIABÁ</u> VÁRZEA GRANDE RONDONÓPOLIS SINOP TANGARÁ DA
SERRA CÁCERES SORRISO BARRA DO GARÇAS PRIMAVERA DO
LESTE LUCAS DO RIO VERDE ALTA FLORESTA PONTES E LACERDA
NOVA MUTUM JUINA CAMPO VERDE GUARANTÃ DO NORTE BARRA
DOS BUGRES JUARA COLNIZA PEIXOTO AZEVEDO POCONÉ CAMPO
NOVO DO PARECIS COLIDER CONFRESA JACIARA MIRASSOL
D'OESTE VILA RICA ÁGUA BOA SAPEZAL DIAMANTINO
BELA VISTA APARECIDA DO TABOADO SÃO GABRIEL DO OESTE
ANASTÁCIO JARDIM MIRANDA CAARAPÓ COXIM RIO BRILHANTE
AMAMBAÍ PARANAIBA MARACAJU AQUIDAUANA SIDROLANDIA
NOVA ANDRADINA NAVIRAÍ PONTA PORÃ CORUMBÁ TRÊS LAGOAS
DOURADOS

Todos estes nomes são cidades polos de uma grande região e, todas elas são boas
de empregos

<u>BELO HORIZONTE</u> (capital) UBERLÂNDIA CONTAGEM JUIZ DE FORA
BETIM MONTES CLAROS RIBEIRÃO DAS NEVES UBERABA
GOVERNADOR VALADARES IPATINGA SETE LAGOAS DIVINÓPOLIS
SANTA LUZIA IBIRETÊ POÇOS DE CALDAS PATOS DE MINAS POUSO
ALEGRE TEÓFILO OTONI BARBACENA SABARÁ VARGINHA
CONSELHEIRO LAFAIETE VESPASIANO ITABIRA ARAGUARI PASSOS
UBÁ CORONEL FABRICIANO MURIAÉ ITUIUTABA ARAXÁ LAVRAS
ITAJUBÁ ITAÚNA PARÁ DE MINAS PARACATU CARATINGA NOVA
LIMA NOVA SERRANA SÃO JOÃO DEL REI PATROCINIO TIMÓTEO
MANHUAÇU UNAÍ CURVELO ALFENAS JOÃO MONLEVADE TRÊS
CORAÇÕES VIÇOSA CATAGUASES OURO PRETO JANAÚBA SÃO
SEBASTIÃO DO PARAÍSO JANUÁRIA FORMIGA ESMERALDAS PEDRO
LEOPOLDO PONTE NOVA LAGOA SANTA MARIANA FRUTAL TRES
PONTAS SÃO FRANCISCO PIRAPORA CAMPO BELO LEOPOLDINA
CONGONHAS GUAXUPÉ LAGOA DA PRATA
<u>BELÉM</u> ANANINDEUA SANTARÉM MARABÁ PARAUAPEBAS
CASTANHAL ABAETETUBA CAMETÁ MARITUBA BRAGANÇA SÃO
FELIX DO XINGU TUCURUÍ BARCARENA ALTAMIRA PARAGOMINAS
ITAITUBA BREVES TAILÂNDIA REDENÇAO MOJU NOVO
REPARTIMENTO ORIXIMINÁ CAPANEMA SANTA ISABEL DO PARÁ
SANTANA DO ARAGUAIA BREU BRANCO TOMÉ-AÇU IGARAPÉ MIRIM

VISEL BENEVIDES IPIXUNA DO PARÁ PORTEU DOM ELISEU MONTE
ALEGRE JACUNDÁ SÃO MIGUEL DO GUAMÁ ALENQUER ACARÁ
URITI ULIANÓPOLIS CAPITÃO POÇO ITUPIRANGA VIGIA ÓBIDOS
Todos estes nomes são cidades polos de uma grande região e, todas elas são boas
de empregos
<u>JOÃO PESSOA</u> CAMPINA GRANDE SANTA RITA PASSOS BAYEUX
SOUZA CABEDELO CAJAZEIRAS GUARARIBA SAPÉ MAMANGUAPE
QUEIMADAS SÃO BENTO ESPERANÇA MONTEIRO POMBAL CATOLÉ
DO ROCHA ALAGOA GRANDE PEDRAS DE FOGO LAGOA SECA
SOLÂNEA ITABAIANA ITAPORANGA RIO TINTO CONDE AREA
PRINCESA ISABEL MARI CAAPORÃ BANANEIRAS ALAGOA NOVA
CUITÉ ARARUNA
<u>CURITIBA</u> LONDRINA MARINGÁ PONTA GROSSA CASCAVEL SÃO
JOSÉ DOS PINHAIS FOZ DO IGUAÇU COLOMBO GUARAPUAVA
PARANAGUÁ ARAUCÁRIA TOLEDO APUCARANA PINHAIS CAMPO
LARGO ARAPONGAS ALMIRANTE TAMANDARÉ UMUARAMA
PIRAQUARA CAMBÉ CAMPO MOURÃO FAZENDA RIO GRANDE
SARANDI PARANAVAÍ FRANCISCO BELTRÃO PATO BRANCO CIA
NORTE TELÊMACO BORBA CASTRO ROLÂNDIA IRATI UNIÃO DA
VITÓRIA IBIPORÃ PRUDENTÓPOLIS MARECHAL CÂNDIDO RONDON
CORNÉLIO PROCÓPIO PALAS LAPA SANTO ANTÔNIO DA PLATINA
MEDIANEIRA SÃO MATEUS DO SUL CAMPINA GRANDE DO SUL
JACAREZINHO CAMBARÁ PAIÇANDU DOIS VIZINHOS GUARATUBA
JAGUARIAIVA MARIALVA MANDAGUARI

Mesmo que sua cidade seja muito pequena, seu emprego pode estar ali.

<u>RECIFE</u> JABOATÃO DOS GUARARAPES OLINDA PETROLINA
PAULISTA CABO DE SANTO AGOSTINHO CAMARAGIBE GARANHUNS
VITÓRIA DE SANTO ANTÃO SÃO LOURENÇO DA MATA SANTA CRUZ
DO CAPIBERIBE IGARASSU ABREU E LIMA IPOJUCA SERRA TALHADA
ARARIPINA CARPINA GOIANA BELO JARDIM GRAVATÁ ARCO VERDE
OURICURI ESCADA PESQUEIRA SURUBIM PALMARES MORENO
BEZERROS

<u>TERESINA</u> PARNAÍBA PICOS PIRIPIRI FLORIANO CAMPO MAIOR
BARRA UNIÃO ALTOS ESPERANTINA JOSÉ DE FREITAS PEDRO II
OIEIRAS SÃO RAIMUNDO NONATO MIGUEL ALVES LUIS CORREIA
PIRACURUCA COCAL BATAHA CORRENTE LUZILÂNDIA BOM JESUS
URUÇUI
<u>RIO DE JANEIRO</u> SÃO GONÇALO DUQUE DE CAXIAS NOVA IGUAÇU
NITERÓI CAMPOS DOS GOYTACAZES BELFORT ROXO SÃO JOÃO DE
MERITI PETRÓPOLIS VOLTA REDONDA MAGÉ MACAÉ ITABORAÍ
CABO FRIO ANGRA DOS REIS NOVA FRIBURGO BARRA MANSA
TERESÓPOLIS MESQUITA NILÓPOLIS MARICÁ QUEIMADOS RIO DAS
OSTRAS RESENDE ARARUAMA ITAGUAÍ JAPERI ITAPERUNA SÃO
PEDRO DA ALDEIA BARRA DO PIRAÍ SEROPÉDICA SAQUAREMA TRÊS
RIOS VALENÇA RIO BONITO GUAPIMIRIM
Todos estes nomes são cidades polos de uma grande região e, todas elas são boas

de empregos
<u>NATAL</u> MOSSORÓ PARNAMIRIM SÃO GONÇALO DO AMARANTE
MACAIBA CEARÁ-MIRIM CAICÓ ASSU CURRAIS NOVOS SÃO JOSÉ DO
MIPIBU SANTA CRUZ NOVA CRUZ APODI JÃO CÂMARA
<u>PORTO ALEGRE</u> CAXIAS DO SUL PELOTAS CANOAS SANTA MARIA
GRAVATAÍ VIAMÃO NOVO HAMBURGO SÃO LEOPOLDO RIO GRANDE
ALVORADA PASSO FUNDO SAPUCAIA DOSUL URUGUAIANA SANTA
CRUZ DO SUL CACHOEIRINHA BAGÉ BENTO GONÇALVES ERECHIM
GUAIABA CACHOEIRA DO SUL ESTEIO SANTANA DO LIVRAMENTO
JUI SAPIRANGA SANTO ÂNGELO ALEGRETE LAGEADO
FARROUPILHA SANTA ROSA VENÂNCIO AIRES CAMAQUÃ VACARIA
CAMPO BOM CRUZ ALTA MONTENEGRO SÃO BORJA SÃO GABRIEL
CARAZINHO TAQUARA CANGUÇU PAROBÉ SANTIAGO
<u>PORTO VELHO</u> ARIQUEMES VILHEMA CACOAL ROLIM DE MOURA
GUAJARÁ-MIRIM OURO PRETO DO OESTE BURITIS PIMENTA BUENO
MACHADINHO D'OESTE ESPIGÃO D'OESTE NOVA MAMORÉ ALTA
FLORESTA D'OESTE PRESIDENTE MÉDICE CANDEIAS DO JAMARI SÃO
MIGUEL DO GUAPORÉ NOVA BRASILÂNDIA DO OESTE CUJUBIM
ALTO PARAÍSO
<u>BOA VISTA</u> RORAINÓPOLIS CARACARAÍ CANTÁ MUCAJAI ALTO
ALEGRE PARACAIMA BONFIM AMAJARI IRACEMA NORMANDIA
UIRAMUTÃ CAROEBE SÃO JOÃO DA BALIZA SÃO LUÍS
<u>FLORIANÓPOLIS</u> JOINVILE BLUMENAU SÃO JOSÉ CHAPECÓ ITAJAÍ
CRICIÚMA JARAGUÁ DO SUL PALLOÇA LAGES BALNEÁRIO
CAMBORIU BRUSQUE TUBARÃO SÃO BENTO DO SUL CAMBORIÚ
CAÇADOR NAVEGANTES CONCÓRDIA RIO DO SUL ARARANGUÁ
GASPAR BIGUAÇU INDAIAL ITAPEMA MAFRA IÇARA CANOINHAS
VIDEIRA SÃO FRANCISCO DO SUL XANXERÊ

Todos estes nomes são cidades polos de uma grande região e, todas elas são boas
de empregos

<u>SÃO PAULO</u> GUARULHOS CAMPINAS SÃO BERNARDO DO CAMPO
SANTO ANDRÉ OSASCO SÃO JOSÉ DOS CAMPOS RIBEIRÃO PRETO
SOROCABA MAUÁ SANTOS SÃO JOSÉ DO RIO PRETO MOGI DAS
CRUZES JUNDIAÍ CARAPICUIBA PIRACICABA BAURU SÃO VICENTE
ITAQUAQUECETUBA PRESIDENTE PRUDENTE MARÍLIA TAUBATÉ
PRAIA GRANDE LIMEIRA BRAGANÇA PAULISTA PINDAMONHANGABA
SÃO CAETANO ITAPETININGA MOGI GUAÇU FRANCO DA ROCHA
JAHU BOTUCATUATIBAIA ARARAS CUBATÃO SANTANA DE
PARNAÍBA RIBEIRÃO PIRES VALINHOS SERTAOZINHO CATANDUVA
BARRETOS GUARATINGUETA JANDIRA BIRIGUI VOTORANTIM TATUI
VARZEA PAULISTA SALTO POÁ CARAGUATATUBA ITATIBA
OURINHOS ASSIS LEME PAULINIA ITANHAEM CAIEIRAS ITAPEVA
MAIRIPORÃ MOGI MIRIM AVARÉ CAÇAPAVA VOTUPORANGA SÃO
JOÃO DA BOA VISTA LORENA SÃO ROQUE UBATUBA ARUJÁ SÃO
SEBASTIÃO MATÃO CRUZEIRO CAMPO LIMPO PAULISTA
BEBEDOURO IBIUNA LINS JABUTICABAL PIRASSUNUNGA ITAPIRA
VINHEDO CAJAMAR AMPARO MOCOCA FERNANDÓPOLIS EMBU

GUAÇU COSMÓPOLIS LENÇÓIS PAULISTA TUPÃ PERUÍBE BATATAIS
MIRASSOl IBITINGA ANDRADINA PENÁPOLIS NOVA ODESSA
TAQUARITINGA REGISTRO DRACENA BOITUVA

Mesmo que sua cidade seja muito pequena, seu emprego pode estar ali.

<u>ARACAJU</u> NOSSA SENHORA DO SOCORRO LAGARTO ITABAIANA SÃO
CRISTOVÃO ESTÂNCIA TOBIAS BARRETO ITABAIANINHA SIMÃO
DIAS NOSSA SENHORA DA GLÓRIA POÇO REDONDO CAPELA
ITAPORANGA D'AJUDA PROPRIÁ LARANJEIRAS BARRA DOS
COQUEIROS NTINS PORTO DA FOLHA CANINDE DE SÃO FRANCISCO
BOQUIM NOSSA SENHOA DAS DORES UMBAÚBA POÇO VERDE
CARIRA AQUDIDABÃ SALGADO
<u>PALMAS</u> ARAGUAÍNA GURUPI PORTO NACIONAL PARAÍSO DO
TOCANTINS TOCANTINÓPOLIS ARAGUATINS COLINAS DO
TOCANTINS GUARAÍ TOCANTINÓPOLIS DIANÓPOLIS MIRACEMA DO
TOCANTINS FORMOSO DO ARAGUAIA AUGUSTINÓPOLIS
TAGUATINGA PEDRO AFONSO

LEMBRE-SE

:O Brasil tem 5.570 municípios e em todos eles há pessoas trabalhando **ou seja, há
empregos em todos os municípios.**
Em primeiro lugar, tente conseguir um emprego em seu município. Em seguida
procure por um emprego nos municípios vizinhos e em outros e em mais outros e
em muitos outros. Não desanime.
Seu emprego tem pressa. Monte um bom currículo, escreva uma carta com
pedido de emprego e envie imediatamente.
Siga os modelos abaixo:
Nome da cidade / emprego / nome da profissão /cidade /Estado
Nome da profissão/ emprego / nome empresa
Emprego / nome da profissão / cidade / Estado
Por exemplo

Abra um site de busca e digite os links abaixo: (siga os exemplos)

OURINHOS SP / MINISTERIO DO TRABALHO E EMPREGO/MAIS
EMPREGO/
ASSIS SP / SECRETARIA D RELAÇÕES DO TRABALHO / / NOME DA
PROFISSÃO
PETRÓPOLIS RJ / CONSULTORES EM RECURSOS HUMANOS / NOME
DA PROFISSÃO
VOLTA REDONDA RJ / SECRETARIA DE ESTADO DO TRABALHO /
EMPREGOS/
GURUPI TO / MÃO-DE-OBRA-TEMPORÁRIA / NOME DA PROFISSÃO
PORTO NACIONAL TO / AGÊNCIAS DE EMPREGOS/mecânico
CRICIÚMA SC / MÃO-DE-OBRA/nome da cidade/ PEDREIROS

JARAGUÁ DO SUL SC / ESTÁGIOS/nome da empresa / / NOME DA PROFISSÃO
LAGEADO RS / TRAINEE/nome da empresa / / NOME DA PROFISSÃO
FARROUPILHA RS / POSTO DE APOIO AO TRABALHADOR/PAT/nome da cidade/
MOSSORÓ RN / TRABALHADOR AGRÍCOLA/
PARNAMIRIM RN / SISTEMA NACIONAL DE EMPREGOS/M.T.E./nome da cidade
ARAPIRACA AL / VAGAS DE EMPREGO/nome da empresa
RIO LARGO AL /CURSO DE QUALIFICAÇÃO PROFISSIONAL
JABOATÃO DOS GUARARAPES PE / DEFICIENTE FÍSICO/nome da cidade
OLINDA PE / MENOR APRENDIZ/nome da cidade
UNIÃO DA VITÓRIA PR / PAT/nome da cidade / / NOME DA PROFISSÃO
IBIPORÃ PR / AGÊNCIAS DE EMPREGO/nome da cidade / NOME DA PROFISSÃO
CONSELHEIRO LAFAIETE MG / TRABALHO/nome da cidade
VESPASIANO MG / CONCURSO PÚBLICO/nome da cidade
PICOS PI / SISTEMA NACIONAL DE EMPREGOS/ / NOME DA PROFISSÃO
PIRIPIRI PI / MINISTERIO DO TRABALHO E EMPREGO/SINE/SE
TUCURUÍ PA / EMPREGADO AVULSO/nome da cidade
BARCARENA PA / SERVIÇOS TEMPORÁRIOS/nome da cidade
CAMPINA GRANDE PB / TRABALHO TEMPORÁRIO/nome da cidade/
SANTA RITA PB / TRABALHADOR TEMPORÁRIO/nome da cidade
LUCAS DO RIO VERDE MT / 1º EMPREGO/nome da cidade
ALTA FLORESTA MT / MAIS EMPREGO/nome da cidade
CORUMBÁ MS / PROEGRESSO / OFERTA DE TRABALHO
TRÊS LAGOAS MS / MENOR APRENDIZ/nome da cidade
ALTA FLORESTA RO / /FRENTE DE TRABALHO/EPITACIOLÂNDIA AC /EMPREGOS / / NOME DA PROFISSÃO
nome da cidade
ARIQUEMES RO / DEFICIENTE FÍSICO/TRABALHO
CARACARAI RR / BALCÃO DE EMPREGO/nome da cidade
PACARAIMA RR / RECURSOS HUMANOS/nome da cidade/
CRUZEIRO DO SUL AC / CONCURSO PÚBLICO/nome da cidade/
CALCOENE AP / SISTEMA NACIONAL DE EMPREGOS/PAT
CUTIAS AP / COSTUREIRA / EMPREGO
APUI AM / JOVEM CIDADÃO / EMPREGO / NOME DA PROFISSÃO
ATALAIA DO NORTE AM / MINISTERIO DO TRABALHO E EMPREGO/MAIS EMPREGO
AMARGOSA BA / MENOR APRENDIZ / EMPREGO
CACULÉ BA / POSTO DE ATENDIMENTO AO TRABALHADOR
GUARACIABA DO NORTE CE / Sistema nacional de empregos
JERICOACARA CE / VAGAS DE TRABALHO / NOME DA PROFISSÃO
GAMA DF / OFERTA DE EMPREGOS / NOME DA PROFISSÃO
TAGUATINGA DF / NOME DA PROFISSÃO /EMPREGO
CACHOEIRO DO ITAPEMIRIM ES / NOME DA PROFISSÃO /EMPREGO
CARIACICA ES / VAGAS DE TRABALHO / NOME DA PROFISSÃO

Quanto mais variados forem os termos utilizados, maiores serão as ofertas de empregos.

SIGA OS MODELOS ACIMA

Abra um site de buscas, digite a cidade, o estado, o nome da profissão, a palavra emprego, entre nos portais e abra todos os links. Copie endereços, telefones, e-mails, nome de empresas e, envie seu currículo. Há neste livro muitos modelos de currículos e de cartas com pedidos de empregos. Há também modelos de qualificações que se encaixam em todas as profissões, mesmo sem experiência anterior. Copie todas as qualificações de seu interesse e acrescente outras.

O Brasil inteiro espera por suas qualificações.

EM TODAS AS CIDADE DO BRASIL HÁ EMPREGOS ESPERANDO POR SUA QUALIFICAÇÃO PROFISSIONAL.

Mesmo que sua cidade seja a menor do Brasil, ali há empregos.

Produza um bom currículo, capriche em suas qualificações profissionais e envie para muitas empresas.

VEJA TAMBÉM OS MODELOS ABAIXO:

OFERTA / cidade e nome do Estado /biólogo / TRABALHO EMPREGO

nome da cidade e nome do Estado /VAGAS / Bioquímicas /

EMPREGO nome da cidade e do Estado / Bombeiros / OFERTA DE EMPREGO

nome da cidade / cabeleireiro / EMPREGO /TRABALHO

nome da cidade e Estado /gerente da fazenda / EMPREGO TRABALHO

nome da cidade /gerente / EMPREGO OFERTA

nome da cidade / advogado / EMPREGO TRABALHO

nome da cidade e Estado /aeromoça / EMPREGO OFERTA

nome da cidade e Estado / agente de viagens / EMPREGO TRABALHO

nome da cidade e Estado /Encanador / VAGAS DE EMPREGO

cidade e nome do Estado /ENFERMEIRAS / VAGAS DE EMPREGO

nome da cidade e nome do Estado /Engenheiro / OFERTA DE EMPREGO

nome da cidade e país Tesoureiro / OFERTA DE EMPREGO

nome da cidade e nome do Estado /assistente de contabilidade EMPREGO

contabilista /de cidade e Estado / OFERTA DE EMPREGO

cidade e nome do Estado / Engenharia Civil / EMPREGO TRABALHO

nome da cidade e Estado /Médico / EMPREGO OFERTA

cidade e nome do Estado / dentista / EMPREGO /TRABALHO

cidade e Estado / Engenheiro químico / EMPREGO OFERTA

nome da cidade e Estado / Gerente do shopping center /

OFERTA DE EMPREGO / nome da cidade e nome do Estado / médico hospitalar

florista / OFERTA DE EMPREGO / nome da cidade e Estado /

biólogo / EMPREGO TRABALHO / nome da cidade e nome do Estado

VAGAS / EMPREGO / Cidade / Bioquímico / nome do Estado

Bombeiros / OFERTA DE EMPREGO / cidade e nome do Estado

cabeleireiro / EMPREGO TRABALHO / nome da cidade e Estado

gerente da fazenda / EMPREGO TRABALHO / nome da cidade e Estado

gerente / OFERTA DE EMPREGO / nome da cidade e Estado

advogado / EMPREGO / TRABALHO / nome da cidade e Estado

aeromoça / OFERTA DE EMPREGO / nome da cidade e país,

agente de viagens / EMPREGO TRABALHO / nome da cidade e Estado

encanador / VAGAS DE EMPREGO / cidade e nome do Estado

VAGAS DE ENFERMEIRO / EMPREGO / nome da cidade e nome do Estado

Engenheiro / OFERTA DE EMPREGO / nome da cidade e Estado

Tesoureiro / OFERTA DE EMPREGO / nome da cidade e nome do Estado

assistente contábil / EMPREGO TRABALHO / nome da cidade e Estado
analista clínico / OFERTA DE EMPREGO / nome da cidade e do Estado
Engenharia Civil / EMPREGO TRABALHO / nome da cidade e país
Médico / EMPREGO OFERTA / cidade e nome do Estado
dentista / EMPREGO TRABALHO / cidade e Estado
Engenheiro Químico / OFERTA DE EMPREGO / nome da cidade e Estado
Gerente do shopping center / OFERTA DE EMPREGO / nome da cidade e Estado
hospital médico / OFERTA DE EMPREGO /
florista / OFERTA DE EMPREGO / nome da cidade e Estado
geofísico / OFERTA DE EMPREGO / nome da cidade e Estado
geógrafo / OFERTA DE EMPREGO / nome da cidade e Estado
geólogo / OFERTA DE TRABALHO / nome da cidade e Estado
SIGA OS MODELOS ACIMA. ENTRE UM SITE DE PESQUISA, PROFISSÃO / EMPREGO / OFERTA DE VAGA / NOME DA CIDADE / Estado
COMO VOCÊ VIU ACIMA, QUANTO MAIS VARIADOS FOREM OS TERMOS UTILIZADOS, MAIORES SERÃO AS CHANCES DE APARECER O SEU EMPREGO.
NÃO SUBESTIME AS INSTRUÇÕES ACIMA
Envie seu currículo para muitas e muitas empresas. Quanto mais currículos você enviar, mais rápidas serão as chances de encontrar um emprego.
Atualize seu currículo, adaptando-o a todas as oportunidades de emprego.
PESQUISE TAMBÉM MODELOS DE ESTILOS DIFERENCIADOS DE CURRÍCULOS NA INTERNET.
Mergulhe nos seus projetos. Quando você sai à procura de um emprego, aja como se o trabalho já fosse seu
em qualquer país ou cidade do planeta, onde quer que você esteja, siga os ensinamentos deste livro, pois suas chances de conseguir um emprego estarão bastante aumentadas

E SE VOCÊ MORA EM PORTUGAL OU QUER IR PARA LÁ, VEJA ISTO: MAIORES CIDADES DE PORTUGAL

(são cidades polos de uma grande região e todas elas são boas de emprego)
Lisboa Porto Vila Nova de Gaia Braga Guimarães Aveiro Coimbra Manteigas Fátima Nazaré Óbidos Évora Cascais Cintra Lagos Portimão Ponta Delgada Faro Albufeira Funchal Arquipélago dos Açores Matosinhos Viseu Maia Póvoa de Varzim Loures Amadora Almada Oeiras Gonfomar Seixal Odivelas Santa Maria da Feira Vila França da Feira Vila Nova de Famalicão Leiria Barcelos Valongo Viana do Castelo Paredes Vila do Conde Tprres Vedras Barreiro Mafra Penafiel Santo Tirso Loulé Ponta Delgada Oliveira de Azeméis Motta Faro Póvoa de Varzim Palmela Santarém Figueira da Foz Felgueiras Alcobaca Évora Paços de Ferreira Amarante Castelo Branco Portimão Ovar Pombal Marco de Canaveses Vila Real Covilhã Caldas da Rainha Montijo Fafe Sesimbra Vila Águeda Lousada Ourém Olhão Ponte de Lima Alenquer Santa Cruz Guara Chaves Tomar Abrantes Trofa Marinha Grande Ilhavo Silves Torres Novas Cantanhede Beja Câmara de Lobos Angra do Heroísmo Bragança Esposende Ribeira Grande Espinho Lagos

(mesmo que sua cidade seja a menor de Portugal, seu emprego pode estar ali.
Pense nisto.)
ABRA UM SITE DE BUSCAS E DIGITE:
Nome da cidade/nome da profissão/emprego
Nome da profissão/oferta de vagas/nome da cidade
PORTUGAL/emprego/nome da profissão
Nome da cidade/agência de empregos
Nome da profissão/nome da cidade/trabalho

OU SE VOCÊ MORA OU QUER IR PARA:
**Moçambique Angola Guiné Bissau Timor Leste Guiné Equatorial Macau Cabo
Verde São Tomé e Príncipe**
(países de Língua Portuguesa)
Faça o mesmo:
Abra um site de buscas e digite:
Nome do País/nome da profissão/emprego
Nome da profissão/emprego/nome do País
Nome do País/emprego/nome da profissão
Nome do País/agências de empregos
**Abra os portais, entre nos links, anote todos os endereços com ofertas de
emprego, pesquise sobre as empresas de seu interesse. Monte um currículo com
seu perfil de qualificações e envie via e-mail ou pelos Correios e, fique
aguardando pois, sua chance virá. Confie nisto.**

E, se pensar em sair do Brasil, informe-se em primeiro lugar sobre a oferta de
vagas lá fora. Tente isto:
DIGITE O TERMO ABAIXO/CIDADE DO PAÍS DE SEU INTERESSE
Por exemplo:
OFERTAS DE EMPLEO/BARCELONA
job vacancies/Los Angeles
offerte di lavoro/Nápoles
**(abra um site de busca de tradução e anote os empregos em ofertas. Envie seu
currículo traduzido para o idioma e aguarde respostas.)**
VAGAS DE TRABALHO PORTUGUÊS VAGAS DE EMPREGO
Vagas de trabajo ESPANHOL OFERTAS DE EMPLEO
offres d'emploi FRANCÊS Offresd'emploi
job vacancies INGLÊS JOBS
Stellenangebote ALEMÃO OFFENE STELLEN
offerte di lavoro ITALIANO Offerte di lavoro
vacatures HOLANDÊS VACATURES
求人 JAPONÊS 求人情報
职位空缺 CHINÊS 職位空缺
Вакансий RUSSO Вакансии 채용 COREANO 구인
iş ilanları TURCO Iş ilanları
EMPREGOS INTERNACIONAIS
DIGITE OS TERMOS ABAIXO CIDADE E PAÍS DE SEU INTERESSE

(abra um site de busca de tradução e anote os empregos em ofertas. Envie seu currículo traduzido para o idioma e aguarde respostas.)
NOME DO PAÍS/EMPREGOS (abra um site de busca de tradução) no idioma do país por exemplo:
U.S.A./EMPLOYEMENT (inglês) AGENCIA DE EMPLEO (español), Stellenvermittlungsbüro (alemão), EMPLOI AGENCE
(francês), Ufficio collocamento
(italiano),
職業紹介所 (japonês),
توظيف وكالة (árabe)
(não custa tentar pois deverá aparecer milhares de oportunidades)

TRABALHAR NO EXTERIOR SAIR DO PAÍS
Entre em um site de busca e digite: Ministério do Trabalho e Emprego/cartilha exterior
Viajar, conhecer novos lugares, pessoas, idiomas diferentes do seu, estudar, estagiar ou trabalhar em um país estrangeiro é um sonho que está à cada dia mais fácil de concretizar. Através do programa AU PAIR, muito aceito em países como Alemanha, Áustria, EUA, França, Holanda, é programa de intercâmbio onde você pode trabalhar, estudar e se divertir, fazendo parte de uma família e recebendo um salário e toda a orientação necessária.
Sua principal função será cuidar de crianças, suas refeições, bagunças, banho, enfim, o dia à dia das crianças da casa. Em suas horas vagas, você terá outras oportunidades.
Consulte pelo SITE DE BUSCA/ PROGRAMA AU PAIR. Veja alguns sites úteis encontrados na Internet: Os endereços das embaixadas e consulados estrangeiros no Brasil estão disponíveis em: www.abe.mre.gov.br. ou:
programa au pair/país desejado
Por exemplo: abra um site de busca e digite:
programa au pair/Canadá
intercâmbio cultural/país desejado
trabalhar no exterior/país desejado
intercambio de trabalho/país desejado
manual do au pair (baixe um)
Quer aproveitar suas férias nos EUA e ainda ganhar algum dinheiro com trabalho temporário em empresas americanas como hotéis, resorts, ski, restaurantes, lojas? Você deseja ir morar em outro país? Trabalhar fora do Brasil? Fique atento para alguns pequenos obstáculos: Adaptar-se ao clima, à língua, à cultura, às manhas, às gírias, ao sistema monetário, ao cotidiano. Tudo isto montará a sua experiência.
Só facilitará sua vida o domínio do idioma do país de seu destino. Ao planejar a viagem, já comece a estudar o idioma.
Tudo fica fácil para pessoas com dupla nacionalidades.
Para trabalhar na Inglaterra, Estados Unidos ou Portugal e para a maioria dos outros países, tudo fica mais fácil se você já estiver trabalhando em uma Multinacional e, Possuindo comprovante de vínculo trabalhista,
Passaporte original;
Uma foto 3×4;
Identidade;
Atestado de Antecedentes Criminais com menos de 90 dias;

Atestado Médico, com declaração de que não é portador de doença infectocontagiosa;
Procure mais informações nos consulados, pois sempre pode haver mudança nas regras.
Tudo isto para que o Visto seja concedido.
E, tente nos sites de busca da Internet. Clicando o consulado e o nome do país de seu interesse. Exemplo
(site de busca/ consulado da Espanha no Brasil) ou de qualquer país do mundo.
Alguns exemplos de acessos:
Consulte sites que podem ser úteis para sua pesquisa:
Consulado Britânico: www.reinounido.org.br.
Consulado Americano: wsww.amcham.com.br.consulade.
Consulado Português: www.consuladoportugal.sp.org.br
http://portal.mte.gov.br/cartilha_exterior/
Consulte alguns sites encontrados na Internet que podem ser úteis para sua pesquisa:
Abra um site de busca e digite:
como conseguir um visto/país desejado
como tirar um visto para estudante/país desejado
intercambio cultural/país desejado
curso no exterior/país desejado
studant travel/país

ABRA OS PORTAIS ABAIXO: Abra um site de busca e digite:
vagas de empregos no exterior
vagas de trabalho no exterior
vagas de trabalho internacionais
agências de empregos internacionais
agências internacionais de empregos
vagas internacionais
oportunidades de empregos no exterior
carreiras internacionais
agências de recursos humanos internacionais
empregos fora do Brasil
guia de empregos no exterior
mobilidade profissional/europa
Alguns exemplos de acessos:
Consulte sites que podem ser úteis para sua pesquisa:
Consulado Britânico: www.reinounido.org.br.
Consulado Americano: wsww.amcham.com.br.consulade.
Consulado Português: www.consuladoportugal.sp.org.br
Ministério do trabalho e emprego/ cartilha_exterior
Consulte alguns sites encontrados na Internet que podem ser úteis para sua pesquisa:
ABRA OS PORTAIS ABAIXO: Abra um site de busca e digite:
vagas de empregos no exterior
vagas de trabalho no exterior
vagas de trabalho internacionais
agências de empregos internacionais
agências internacionais de empregos

vagas internacionais
oportunidades de empregos no exterior
carreiras internacionais
agências de recursos humanos internacionais
empregos fora do Brasil
guia de empregos no exterior
mobilidade profissional/europa

- Primeiros passos a dar para quem quer ir trabalhar em outro país: passaporte e visto de trabalho já com um emprego confirmado.

- Antes de fixar a ideia de mudar-se para outro país, pesquise vagas de emprego em sua área de qualificação, estude muito o idioma, prepare um bom currículo no idioma, treine muito respostas para uma entrevista no idioma. Faça um check-up e tome todas as vacinas. Ao sentir-se preparado, vá em frente. O mundo inteiro espera por suas qualificações.

- Não são todos os países que abrem as portas para o imigrante trabalhador. Tudo depende dos tipos de mão-de-obra necessárias para o momento. Pesquise as ofertas de empregos nos países de sua preferência e vá em frente. Na Europa, Portugal é o país mais acessível a brasileiros. Porém, pesquise salário, custo de vida e principalmente, qualidade de vida.

- Se um de seus avôs nasceu em outro país, há muita facilidade para que você consiga dupla cidadania e portas abertas para um emprego .

- Pesquise muito, para não pagar mico. Por exemplo: Entre em um site de buscas e vá digitando:

Guia de empregos na Suécia

Como alugar uma casa em Paris

Salário mínimo da Itália (nome da profissão)

Estudar de graça na europa

Qualquer que seja a sua dúvida, pesquise

- Através de uma agência de empregos internacional, sua colocação em outro país, será facilitada. Empregos "quebra-galho" como babá, entregador, faxineiro, ajudante de cozinha, empacotador, pedreiro e, ou mesmo garçom ou camareiro com dois idiomas.

- Pesquise sempre por empresas de intercâmbio internacional

- Em outro país, ofereça-se para dar aulas de português. Basta anunciar.

- Trabalhe como voluntário para a ONU ou UE. Pesquise na internet como conseguir isto.

- Possuir um seguro de saúde internacional ou mesmo um seguro de viagem é exigência para a conquista de um visto.

CONSELHEIROS DE TRABALHO INTERNACIONAIS
ABRA UM SITE DE BUSCA E DIGITE (CONSELHEIRO DE TRABALHO/PAÍS)
Antes de viajar para qualquer país, consulte um CONSELHEIRO DE TRABALHO do país de seu interesse, onde você conseguirá informações, orientação e colocação no mercado de trabalho. Procure informações junto ao consulado ou em sites de ajuda

CONSELHEIROS DE TRABALHABRA UM SITE DE BUSCA E DIGITE (CONSELHEIRO DE TRABALHO/PAÍS)
Antes de viajar para qualquer país, consulte a cartilha sobre trabalhar no exterior, fornecida pelo MINISTERIO DO TRABALHO E EMPREGO/cartilha de trabalho no exterior. E também,
ABRA UM SITE DE BUSCA E DIGITE:
Conselheiros de trabalho internacional
Job counselors/usa
Les conseillers en emploi/france
consejeros de trabajo/países de língua espanhola
consulenti del lavoro/italia
Berufsberater/Alemanha
ジョブカウンセラー/japan
Ou em outro país

Abra um site tradutor e informe-se.

OS MELHORES PAÍSES ESTRANGEIROS PARA TRABALHAR
Antes de viajar para qualquer país, consulte um conselheiro de trabalho do país de seu interesse:
Alemanha Austrália Angola Dinamarca Holanda Nova Zelândia Romênia Suíça Estados Unidos Japão China França Reino Unido Itália Rússia Espanha Canadá Índia México Coréia do Sul Turquia Polônia Indonésia Bélgica e outros...
DOMINAR O IDIOMA DO PAÍS E TAMBÉM O INGLÊS É FUNDAMENTAL.
Abra um site de busca e DIGITE O NOME DO PAÍS E SUA EMBAIXADA exemplo CHINA/EMBAIXADA INGLATERRA/EMBAIXADA e você encontrará todas as informações que necessitar
OBSERVAÇÃO Ao ficar desempregado em um país estrangeiro, você pode conseguir um auxílio desemprego por até seis meses nos países da Europa, com

igualdade de direitos dos trabalhadores do país.
Só para saber:

Ou você entra na Europa com um visto de trabalho ou trabalhar no Reino
Unido/Europa com passaporte Brasileiro é quase impossível.
CRIE UM PERFIL PROFISSIONAL
NO LINKEDIN, ou na REDE SOCIAL PARA PROFISSIONAIS, pois sua busca
ficará facilitada. Exemplo: abra um link do portal: perfil profissional e tire
proveito.
Ou peça ajuda para quem tem experiência em colocar seu currículo à disposição
nas redes sociais.
TRABALHAR NO EXTERIOR FIQUE ATENTO
Abra um site de busca e entre nos portais:
Ministério do trabalho e emprego/cartilha exterior
Site de busca/Mobilidade profissional/europa
Cada país tem diferentes critérios e exigências para entrada e permanência de
estrangeiros.
Pesquise, na embaixada ou consulado do país para onde for viajar, quais são
esses requisitos. As exigências dependem do objetivo da sua viagem.
Todo brasileiro, desde o momento de sua entrada em um país estrangeiro, tem o
direito de contatar a embaixada ou o consulado do Brasil em qualquer
circunstância ou momento. Lembre-se de que essas repartições dispõem de
plantão consular 24 horas (obtenha informações e relação de endereços no site:
www.abe.mre.gov.br).
É aconselhável que todo brasileiro no exterior faça sua matrícula consular.
Procure a embaixada ou consulado brasileiro mais próximo a sua residência.
Leve um documento que comprove a nacionalidade brasileira e uma fotografia.
A matrícula possibilita que o consulado entre em contato com os brasileiros sobre
assuntos do seu interesse. Efetivada a matrícula consular, o brasileiro recebe um
documento de identificação
Trabalhar no exterior Importante saber!
http://portal.mte.gov.br/cartilha_exterior/
Antes de sair do Brasil, recomenda-se providenciar firma em cartório brasileiro
para atender a eventuais necessidades futuras de reconhecimento em documentos
de seu interesse. E mais,
É importante que você salve todos os seus documentos em um e-mail pois em caso
de perda ou furto, encontrar uma cópia fica fácil.
Não se esqueça de montar um listão com as principais empresas do país de seu
interesse e ir pesquisando suas chances, antes mesmo de viajar, e ao viajar, já
esteja com seu currículo bem montado, no idioma do país para onde você vai e
com seu perfil adaptado às empresas de sua escolha.
EM TODOS OS PAÍSES DO MUNDO HÁ PESSOAS TRABALHANDO. Existe
trabalho e emprego em todos os países e todos necessitando de pessoas bem
qualificadas para o trabalho. Acredite nisto.

Desde o tempo de Adão e Eva, o Ser Humano se move em todos os cantos do
nosso planeta. Enquanto alguns vão, outros vêm. Você sabe disso. E todos
procurando lugares melhores para uma vida melhor.

Não há emprego apenas na sua cidade. Há emprego em todos os lugares. O mundo é muito grande. Não se estabeleça em um lugar pequeno. Mova-se. Nossa vida é uma dinâmica. Do Polo Norte ao Polo Sul, da América do Sul ao Japão, do Canadá à China, há muito espaço e trabalho. Lembre-se sempre: você, seus pais, seus avós vieram de onde? Ninguém nasceu para ser plantado em um só lugar. Você sabe disso. Mova-se.

CORAGEM! prepare um bom currículo, traduza-o para a língua do país que você deseja, providencie todos os documentos, treine bastante a língua e assim por diante! Confie em si mesmo.

Aqui estão muitas orientações que você deve seguir em sua busca por um emprego.

Onde quer que você esteja, em qualquer país do mundo, abra um mecanismo de pesquisa e digite:

Emprego / Agências, Mão-de-obra Temporária, Seleção de Pessoal, Consultoria em Recursos Humanos / nome da profissão / emprego /
nome da cidade/ nome do país /

Consulte uma lista telefônica, abra nas Páginas Amarelas, nos Índices: Emprego / Agências, Mão – de – Obra Temporária, Seleção de Pessoal, Consultoria em Recursos Humanos, Consultoria em Recursos Humanos, Curriculum Vitae, etc. Entre em um site de buscas e digite os nomes acima. Abra os portais, entre em todos os links. Anote todos os endereços de oferta de empregos, entre nos sites das empresas, anote endereços, telefones, e-mails e envie seu currículo.
A maioria dos itens acima abrirá portais de agências de emprego. Entre nos links porém, e a maioria delas cobra pelo serviço. Verifique os preços antes de contratar seus serviços.

Veja também:

Abra um site de pesquisas e digite:
YouTube/empregos internacionais
YouTube/emprego/nome do país
YouTube/nome da profissão/emprego/nome do país
YouTube/nome do país/nome da profissão/emprego
YouTube/como trabalhar na Alemanha?
YouTube/como trabalhar nos Estados Unidos?
YouTube/como trabalhar/digite o nome do país

Afeganistão África do Sul Albânia Alemanha Andorra Antígua e Barbuda
Angola Arábia Saudita Argélia Argentina Armênia Austrália Áustria Azerbaijão
Bahamas Bangladesh Barbados Bélgica Barém Belize Benim BELARUS Bolívia
Bósnia e Herzegovina Brasil Camarões Cabo Verde Camboja Qatar Cazaquistão
Chade Chile China Chipre Colômbia Comores Congo Coréia do Norte Coréia do
Sul Cosovo Costa Rica Croácia Cuba Djibouti Dinamarca Dominica Egito
Emirados árabes Unidos Equador Eritréia Eslováquia Eslovênia Espanha Estado
da Palestina Estados Unidos da América Estónia Etiópia Finlândia França
Gabão Gâmbia Gana Geórgia Granada Grécia Guatemala Guiana Guiné
Equatorial Guiné Bissau Haiti Honduras Hungria Iemen Ilhas Virgens Ilhas
Marshal India Indonésia Iraque Irlanda Islândia Israel Jamaica Japão Jordânia
Kuait Laos Lesoto Letônia Libéria Líbia Listentaine Lituânia Luxemburgo
Macedônia Madagascar Malásia Malaul Maldivas Malta Marrocos Mauricio
Mauritânia México Mianmar Micronésia Moçambique Modávia Mônaco
Mongólia Montenegro Namíbia Nauru Nepal Nicarágua Nigéria Noruega Nova
Zelândia Omã Países Baixos Palau Panamá Papua Nova Guiné Paquistão
Paraguai Peru Polônia Portugal Quênia Quirguistão Quiribati Reino Unido
República Central Africana República Checa República Democrática
Dominicana República do Congo Romênia Ruanda Rússia Salomão Salvador
Samoa Santa Lucia São Cristovão San Marino São Tomé e Príncipe São Vicente
e Granadinas Seychelles Senegal Serra Leoa Sérvia Singapura Síria Somália Sri
Lanka Suazilândia Sudão Sudão do Sul Suécia Suíça Suriname Tailândia Taiwan
Tajiquistão Tanzânia Timor Leste Togo Tonga Trinidad e Tobago Tunísia
Turcomenistão Turquia Tuvalu Ucrânia Uganda Uruguai Uzbequistão Vanuatu
Vaticano Venezuela Vietname Zâmbia Zimbaubwe

Nunca desanime falando sobre o desemprego ou dificuldades em consegui-lo.
Você tem o seu potencial e não é igual a ninguém.

FAÇA COMO NOS MODELOS ABAIXO:
Através de um tradutor virtual, siga os modelos:
Itália/oferta de empregos
Itália/oferta occupazione

ENGLAND / BUS MECHANIC / EMPLOYMENT

abra um site de pesquisa e digite:

Nome do País/emprego
Nome do país/nome da profissão/emprego
Nome do país/nome do trabalho/profissão

entre nos portais, abra todos os links, use um tradutor virtual, copie
Agência de emprego/Brasil / mecânico // Nome da cidade /
MONACO / Atenção ao desemprego / nome da cidade
JAPÃO / Consultores de recursos humanos/ nome da cidade
CANADÁ / Posto de apoio ao trabalhador desempregado

COREIA DO SUL / ofertas de trabalho
POLÔNIA / emprego/professor de química
MONTENEGRO / trabalho/emprego / Nome da cidade
TAIWAN /emprego para deficiente físico/ nome da cidadec
RÚSSIA /necessidade de trabalho / nome da cidade
ARGENTINA /cidadão jovem/ desempregado/ nome da cidade
DEPARTAMENTO DE TRABALHO E EMPREGO / sua cidade / nome do país
SISTEMA NACIONAL DE EMPREGO / nome da cidade / PAÍS
EMPREGO / nome da cidade / COUNTRY
CIDADÃO JOVEM DESEMPREGADO / nome da cidade / PAÍS
APRENDIZAGEM DE TRABALHO / nome da cidade / PAÍS
1º EMPREGO / nome da cidade / PAÍS
EU PRECISO DE UM TRABALHO / nome da cidade / PAÍS
FRENTE DO TRABALHO / nome da cidade / PAÍS]
SECRETARIA DE TRABALHO / nome da cidade / PAÍS
Siga os modelos acima. Mande seu currículo para empresas dos países de seu
interesse. Traduza seu currículo para o idioma e o envie por e-mail ou pelos
Correios. Treine o idioma e as malícias da Língua e, prepare-se para uma
entrevista virtual.
LEMBRE-SE:
O mundo inteiro necessita de pessoas qualificadas para o trabalho. Ao preencher
o currículo, capriche em suas qualificações. Há neste livro, modelos de
qualificações e se encaixam em quase todos os pedidos de emprego. Copie todas
que lhe interessam, acrescente outras e, vá em frente. Seu emprego tem pressa.

81 AS MAIORES CIDADES DO MUNDO e como conseguir emprego nelas

Todas elas são boas de empregos
ABRA UM SITE DE BUSCAS E DIGITE:
Nome da cidade/nome do país/agência de emprego/nome da
ONDE QUER QUE VOCÊ ESTEJA:
Ushuaia/Argentina ou Barrow/USA
Salmourão/Brasil ou Illapel/Chile
Montreal/Canadá ou Querétaro/México
Cidade do Cabo/África do Sul ou Cairo/ Egito
Jerusalém/Israel ou Dubai/Emirados Árabes Unidos
Bombain/India ou Karachi/Paquistão
Katmandu/ ou Ulab Bator, Mongólia
Moscow / Rússia ou Tokyo /Japão
Seul / Coréia do Sul / ou Pequim / China
Manla / Filipinas ou Melborne / Australia
Al-Hartum / Cartum Sudão ou Yogin / Coréia do Sul
LOMÉ / Togo ou Visakhapatnam / ÍNDIA

em qualquer cidade do planeta onde você estiver, siga os ensinamentos deste
livro, pois suas chances de conseguir um emprego estarão bastante aumentadas
e
MESMO SE A SUA CIDADE FOR A MENOR DO MUNDO, SEU TRABALHO
PODE SER ALI. PENSE NISSO.

ESTAS SÃO AS MAIORES CIDADES DO PLANETA E TODAS SÃO RICAS EM EMPREGO.
Em qualquer cidade do mundo, basta fazer adaptações para a língua usando um tradutor virtual.
Selecione as melhores empresas na cidade de seu interesse e envie seu currículo ou carta pedindo emprego, pessoalmente, por fax, correio por e-mail ou pessoalmente.

LISTA DAS MAIORES CIDADES DO MUNDO

Xangai Bombaim İstanbul Buenos Aires Manila Dhāka Moscou São Paulo Delhi Karāchi Pequim Lagos Jacarta Kinshasa Sŏul Tehrān Tōkyō Cidade do México Cairo Lima Nova York Londres Bogotá Lahore Bangalore Rio de Janeiro Cingapura Yangon Bangkok Ibadan Bagdād Santiago Riade Toronto Xian Tianjin Chongqing Madras Alexandria Abidjan Calcutá Ankara Saint Petersburg Chāṭṭagām Wuhan Ahmadābād Sūrat Cidade de Ho Chi Minh Nanjing Harbin Hyderabad Shenyang Sydney Los Angeles Cidade do Cabo Yokohama Pune Chengdu Gizeh Melbourne Nairobi Dar es Salaam Durban Āddīs Ābebā Jaipur Berlim Pyŏngyang Montreal Jiddah Argel Madrid Casablanca Pusan Cabul Kānpur al-Mawṣil Changchun Cantão Taiyuan İzmir Lakhnau Luanda Shijiazhuang Surabaya, Cartum, Umm Durmān, Kiev, Santo Domingo, Salvador, Inchŏn, Dakar, Bekasi, Nanchang, Changsha, akasaka Táiběi, Táiběi, Brasília, Benim, Faisalabad, Mash, Chicago Mashhad Fortaleza Yaoundé Bandung Douala Jinan Nāgpur Dalian Guayaquil Maracaibo Medellín Taegu Belo Horizonte Ṣan'ā Port Harcourt Roma Kano Xinyang Acra Cali Nagoya Kaduna Hangzhou Vancouver Tashkent Paris Medan Joanesburgo Houston Havanna Patna Bayrūt Kumasi al-Baṣrah Depok Soweto Zhengzhou Pimpri Indore Thāna Caracas Bamako Tangerang Pretoria Suzhou Bhopāl Aleppo Sapporo Damasco Brisbane Manaus Antananarivo Qingdao Santa Cruz Bucareste Rongcheng Minsk Rabat Lubumbashi Jiulong Rāwalpindi Urumqi Dubai Dubai Ludhiāna Āgra Quito Hamburgo Aba Curitiba Conakry Ghāziābād Eṣfahān Valência Nāshik Mbuji-Mayi Viena Varsóvia Ouagadougou Karaj Harare Tangshan Ecatepec de Morelos Rājkot Bursa Kuala Lumpur Abuja Farīdābad Navi Mumbai Kampala Muqdisho Vadodara Barcelona Shenzhen Irbīl Nārāyanganj Budapeste Brazzaville Adana Meca Lomé Multān Semarang Kobe Xuzhou Recife Gaziantep Lusaka Fushun Córdoba Taejŏn Gāoxióng Hà Nội Filadélfia Khulnā Mandalay Mira Bhayandar Kwangju Shantou Novosibirsk Palembang Mīrat Fukuoka Gujrānwāla Fênix Huainan Tangerang Selatan Makasa Juárez San Antonio Perth Perth; Tijuana Goiânia Yongin; [Kyŏnggi] – Belgrado Qom Huaibei Ahvāz Dublim Adelaide Sendai Bhubaneshwar al-Harṭūm Bahrī Cartum Bahri, Khartum Norte Zhangjiakou Dnipropetrovs'k Bogor Onitsha São Gonçalo Catmandu Colónia Wenzhou Vijayawāda Volgogrado Triparābulus Trípoli Krasnoyarsk Voronezh Edmonton São Luís Bişkek Mombasa ad -Dammām
(existem milhares – incluisive a sua cidade)
Digite um site de pesquisa e digite:
"As maiores cidades do mundo"
"Boas cidades de emprego"
ou
digite o nome da cidade de sua preferência / trabalho
Nome da cidade / país / emprego / nome da profissão /
Abra os portais, digite os links, anote endereços, pesquise a empresa

e, Prepare e envie muitos currículos na língua do país desejado,
siga os exemplos abaixo
abra um tradutor virtual e digite os modelos abaixo no idioma de sua
preferência. Abra todos os portais, entre nos links, anote nomes de empresas,
ofertas de empregos, endereços postais, e-mails e sites. Prepare seu currículo com
um bom perfil de suas qualificações, traduza-o para o idioma do país de seu
interesse, envie-o para todas as empresas que oferecem empregos, treine o idioma
para uma entrevista e aguarde.
Por exemplo:
ITÁLIA/AGÊNCIA DE EMPREGOS
ITALIA / AGENZIA OCCUPAZIONE
FRANÇA
FRANCE / AGENCE DE TRAVAIL
QUALIFICAÇÃO PROFISSIONAL / nome da cidade / PAÍS
EMPREGO PARA O DEFICIENTE FÍSICO / nome da cidade / país
MENOR APRENDIZ PARA TRABALHO / nome da cidade / PAÍS
ATENÇÃO AO DESEMPREGADO / nome da cidade / PAÍS
DEPARTAMENTO DE TRABALHO E EMPREGO / MAIS EMPREGO / Nome
da cidade / PAÍS
Sistema nacional de emprego / nome da cidade / PAÍS
Nome da cidade / PAÍS / VAGAS FUNCIONÁRIOS DESEMPREGADOS

Abra um site de pesquisa, digite os links e siga os exemplos

AGÊNCIA DO TRABALHADOR/nome da cidade/PAIS
                        TRABALHO EMPREGO E AJUDA / Nome da cidade
/ PAÍS
EMPREGADO TEMPORÁRIO / nome da cidade / PAIS
SERVIÇOS TEMPORÁRIOS / Nome da Cidade / PAIS
TRABALHO TEMPORÁRIO / nome da cidade / PAÍS
TRABALHADOR TEMPORÁRIO / nome da cidade / PAIS
BALCÃO DE EMPREGO / nome da cidade / PAIS
RECURSOS HUMANOS / nome da cidade / PAIS
EMPREGO / nome da cidade / PAIS
NOME DA CIDADE / PAÍS / EMPREGO
TRABALHADOR AGRÍCOLA / nome da cidade / PAIS
VAGAS DE EMPREGO / nome da empresa / nome da cidade / PAIS
ESTÁGIOS / nome da empresa / nome da cidade / PAIS
TRAINEE / nome da empresa / nome da cidade / PAIS
Siga os exemplos fornecidos e indique sua cidade / PAÍS
Digite um site de pesquisa. Insira sua profissão e o nome da cidade de seu
interesse, abra os portais, entre nos links, copie ofertas de emprego e envie seu
currículo.
Veja mais modelos:
AGÊNCIAS DE EMPREGO / nome da cidade / PAIS
Nome do trabalho / cidade / PAÍS
EMPREGO / nome da empresa / nome da cidade / PAIS
EMPREGO / nome da cidade / PAIS
Nome do trabalho / cidade / PAÍS / profissão

TRABALHO / Nome da Cidade / COUNTRY / PEDIRIROS
POSTS DE APOIO PARA TRABALHADORES DESEMPREGADOS / cidade /
PAÍS
AGÊNCIAS DE EMPREGO / mecânico // Nome da cidade / PAIS
Siga os modelos e indique o nome da sua cidade / país
SELEÇÃO DE PESSOAL / NOME DA EMPRESA / CIDADE / NOME DO
PAÍS
SELEÇÃO DE TRABALHO / nome da empresa / nome da cidade / PAÍS
WORK-TEMPORARY / nome da cidade / PAIS
SECRETARIA DE ESTADO DE TRABALHO / EMPREGO / PAÍS
CONSULTANTES DE RECURSOS HUMANOS / nome da cidade / PAIS
Nome do trabalho / cidade ocasional / PAIS
Empregador ocasional / nome da cidade / PAIS
Mesmo sem experiência prévia, envie seu currículo.
ENTRE EM UM SITE DE PESQUISA E INSIRA UM DOS ELEMENTOS
ABAIXO
O NOME DA SUA CIDADE E PROFISSÃO. Abra os links, copie as vagas de
emprego e envie seu currículo para o seu currículo.

NÃO SUBESTIME AS ORIENTAÇÕES ACIMA.

ENTRE NA INTERNET   E, A QUALQUER CIDADE DO MUNDO (use um
tradutor virtual) ENVIE SEU CURRÍCULO, PROVIDENCIE SEU
PASSAPORTE, VISTO DE ENTRADA NO PAÍS, TREINE A LÍNGUA E A
MALÍCIA DO PAÍS PRETENDIDO. FAÇA UM BOM CURRÍCULO,
TRADUZA-O PARA LINGUAGEM E ESTUDE OS MODELOS DE
ENTREVISTAS EXISTENTES NESTE LIVRO E VEJA TAMBÉM NO
YOUTUBE MAIS MODELOS DE ENTREVISTAS DE EMPREGO.
O mundo inteiro espera por suas qualificações e seu perfil.
Apenas adapte a cidade de seu interesse e país aos modelos abaixo.
SIGA OS MODELOS ABAIXO:
VAGAS DE EMPREGO / cidade e nome do país
açougueiro / EMPREGO VAGAS / nome da cidade e do país
pintor / EMPREGO VAGAS / cidade e nome do país
pedreiro /OFERTA DE EMPREGO / cidade e nome do país
eletricista / VAGAS DE EMPREGO / cidade e nome do país
Canalizador / VAGAS DE EMPREGO / cidade e nome do país
motorista privado / OFERTA DE EMPREGO / cidade e nome do país
enfermeira / EMPREGO / TRABALHO / cidade e nome do país
Farmácia / OFERTA DE EMPREGO / nome da cidade e país
trabalhador assalariado / nome da cidade e país
EMPREGO / OFERTA DE EMPREGO / nome da cidade e nome do país
OFERTA DE VAGA / EMPREGO / nome da cidade e nome do país d
orador / EMPREGO TRABALHO / nome da cidade e nome do país
cuidador de animais / OFERTA DE EMPREGO / nome da cidade e país
entregador / EMPREGO / TRABALHO / nome da cidade e país
Coletor de recicláveis / OFERTA DE EMPREGO / cidade e nome do país
Fonoaudiólogo / EMPREGO / TRABALHO / nome da cidade e país
massagista / OFERTA DE EMPREGO / nome da cidade e nome do país

fisioterapeuta / OFERTA DE EMPREGO / nome da cidade e país
contador / VAGAS DE EMPREGO / cidade e nome do país
manicure / EMPREGO TRABALHO / cidade e nome do país
garçom / OFERTA DE EMPREGO / nome da cidade e país
VAGAS DE EMPREGO / nome da cidade e país
chef / EMPREGO VAGAS / nome da cidade e do país
motorista de caminhão / VAGAS DE EMPREGO / cidade e nome do país
Taxista / emprego / nome da cidade / país
sapateiro / EMPREGO / TRABALHO / nome da cidade e país
relojoeiro / OFERTA DE EMPREGO / nome da cidade e país
mecânico / VAGAS DE EMPREGO / cidade e nome do país
vendedor / VAGAS DE EMPREGO / nome da cidade e nome do país
professor / EMPREGO TRABALHO / nome da cidade e país
Concierge / OFERTA DE EMPREGO / nome da cidade e país
babá / VAGAS DE EMPREGO / cidade e nome do país
banca / EMPREGO SALÁRIOS / cidade e nome do país
cabeleireiro / OFERTA DE EMPREGO / nome da cidade e país
barman / EMPREGO TRABALHO / nome da cidade e país
Bibliotecário / OFERTA DE EMPREGO / cidade e nome do país
biólogo / EMPREGO TRABALHO / nome da cidade e nome do país
Bioquímico / VAGAS / EMPREGO / Cidade / nome do país
Bombeiros / OFERTA DE EMPREGO / cidade e nome do país
cabeleireiro / EMPREGO / TRABALHO / nome da cidade e país
gerente da fazenda / EMPREGO / TRABALHO / nome da cidade e país
gerente / OFERTA DE EMPREGO / nome da cidade e país
advogado / EMPREGO /TRABALHO / nome da cidade e país
aeromoça / OFERTA DE EMPREGO / nome da cidade e país,
agente de viagens / EMPREGO TRABALHO / nome da cidade e país
encanador / VAGAS DE EMPREGO / cidade e nome do país
VAGAS DE ENFERMEIRO / EMPREGO / nome da cidade e nome do país
Engenheiro / OFERTA DE EMPREGO / nome da cidade e país
Tesoureiro / OFERTA DE EMPREGO / nome da cidade e nome do país
assistente contábil / EMPREGO TRABALHO / nome da cidade e país
assistente de análises clínicas / OFERTA DE EMPREGO / nome da cidade e do país
Engenharia Civil / EMPREGO / TRABALHO / nome da cidade e país
Médico / EMPREGO / OFERTA / cidade e nome do país
dentista / EMPREGO / TRABALHO / cidade e país
Engenheiro Químico / OFERTA DE EMPREGO / nome da cidade e país
Gerente do shopping center / OFERTA DE EMPREGO / nome da cidade e nome do país
hospital médico / OFERTA DE EMPREGO /
florista / OFERTA DE EMPREGO / nome da cidade e país
geofísico / OFERTA DE EMPREGO / nome da cidade e país
geógrafo / OFERTA DE EMPREGO / nome da cidade e país
geólogo / OFERTA DE TRABALHO / nome da cidade e país

SIGA OS MODELOS ACIMA. ENTRE EM UM SITE DE PESQUISA E
DIGITE:
PROFISSÃO / EMPREGO / OFERTA DE VAGA / NOME DA CIDADE / PAÍS

NÃO subestime as INSTRUÇÕES ACIMA

Envie seu currículo para muitas e muitas empresas. Quanto mais currículos você enviar, mais rápidas serão as chances de encontrar um emprego.

Atualize seu currículo, adaptando-o a todas as oportunidades de emprego. CONSULTE TAMBÉM, MODELOS DE PESQUISA E ESTILOS DIFERENCIADOS DE CURRÍCULOS NA INTERNET.

Mergulhe nos seus projetos. Quando você sai à procura de um emprego, aja como se o trabalho já fosse seu.

Em qualquer país ou cidade do planeta, onde quer que você esteja, siga os ensinamentos deste livro, pois suas chances de conseguir um emprego serão bastante aumentadas.

82 QUER TRABALHAR EM NAVIOS DE CRUZEIROS?

TRABALHANDO EM EMBARCAÇÕES DE CRUZEIRO Comece agora a refinar seu inglês e outros idiomas. A conversa é essencial ... Inscreva-se agora para um curso em um navio de cruzeiro ...

VOCÊ QUER TRABALHAR EM NAVIOS?

TRABALHO EM NAVIOS

Você quer trabalhar em um navio de cruzeiro? Não pense que será uma turnê. O trabalho pode ser difícil. Há relatos de funcionários estrangeiros sobre 90 horas de trabalho por semana durante dois, três meses consecutivos.

Quase nunca requer experiências profissionais anteriores.

Comece agora a melhorar o seu inglês e espanhol. Conversação é essencial.

Solicite um curso para trabalhar em um navio de cruzeiro agora

Abra um site de buscas e digite: **CURSO DE TRABALHO EM NAVIO DE CRUZEIROS**

Aqui estão algumas características e seus salários ilustrativos:

Garçom assistente acima de $ 1.000,00 USD

Barista acima de US $ 1300,00

Cozinheiro acima de $ 1100.00

Excursões em terra acima de US $ 1500,00

Recepcionista SALÁRIO acima de US $ 1500,00

Reparador de coberturas ARMAZENAMENTO (manutenção de ponte) acima de US $ 1500,00

Guarda de segurança SALARIO mais de US $ 1000,00

ENFERMAGEM US $ 3000,00

Alguns exames médicos e requisitos que podem ser necessários:

hemograma completo, TGO, TGP, exame de fezes, urina, cultura da garganta, glicemia, bilirrubina, creatinina, radiografia de tórax e tuberculose –

colesterol, triglicéridos, IgG anti-hepatite, hepatite B antigenenoaustralia, hepatite C, HIV, LUE (sífilis) PPD (tuberculose),

Cóprocultura (para para cocina), urina parcial

Parasitologia fecal Testes toxicológicos (maconha, cocaína)

Vacinas: é obrigatório ser vacinado contra febre amarela e tétano.

Tatuagens aparentes (mão, pescoço, etc.) não são permitidas por diferentes empresas de cruzeiros.

passaporte

Atestado de antecedentes criminais

Entre em um site de pesquisa e digite:
NAVIO DE CRUZEIRO / EMPREGADOS
navios de cruzeiro / trabalho
EMPREGO EM NAVIOS DE CRUZEIRO
agência de recrutamento para cruzeiros
vagas de emprego para navios de cruzeiro
CURSO PARA TRABALHAR EM NAVIOS DE CRUZEIROS

E mais….
-para trabalhar em navios de cruzeiros alguns exames admissionais são obrigatórios   -Entre em um site de pesquisas e digite:
-Carees/agências marítimas
-Navios de cruzeiros/agencias de emprego
-Profissões a bordo de navios de cruzeiros
-curso STCW (Standards of Training, Cerification & Watchkeeping)   -Curso STCW e CFPN

-Navios de cruzeiros/exames admissionais
-Navios de cruzeiros/curso básico de segurança
- Navios de cruzeiros/curso de qualificação   -Navios de cruzeiros/cursos
-You Tube/trabalhar em navios de cruzeiros
-You Tube/curso/tripulante de navios de cruzeiros
-You Tube/curso básico de proteção de naviosNavios de carga/cursos

-Práticos de navios/cursos
--Cuidado com fraudadores de inscrições.   Nunca pague nenhuma taxa antes de confirmar a veracidade da empresa.

e ainda,

Trabalhar em navios de cruzeiros? Então espere:

Muito trabalho; trabalhar enquanto outros se divertem; ser hospitaleiro com todos; estar rigorosamente correto pois, fora das cabines, há câmeras filmando todos os seus passos; por ficar muito tempo fora de casa, muitas tentações poderão testá-lo; há códigos de linguagem para as informações entre os tripulantes; mesmo estando em alto mar, leis marítimas e de águas internacionais entram em vigor; em seus poucos momentos de folga, muita diversão o espera; proibição a qualquer tipo de relacionamento fora do serviçal, com hóspedes; grupinhos de tripulantes que falam o mesmo idioma são comuns; treinamento para emergências são comuns aos tripulantes; sua cabine ´poderá ser minúscula e sem janelas e às vezes compartilhada com outros tripulantes; depois de zarpar não tem como você desistir do emprego; a alimentação dos tripulantes poderá ser das sobras das panelas, servidas aos hóspedes mas, nem por isto, é ruim; ser hospitaleiro e cordial poderá fazer a diferença em suas gorjetas; trabalho com cerca de 200 a 300 horas mensais, dependendo de sua função, durante seu contrato de trabalho, com poucas folgas; tripulantes poderão sair do navio em cada porto porém, não se atrase pois o navio não o esperará; namoro entre colegas de trabalho é terminantemente proibido; em suas folgas, beber pesado e barato durante suas folgas é a tônica entre muitos tripulantes; tempestades em alto mar não costumam colocar em risco o navio porém, causa medo e, prepare-se para guardar dinheiro pois em seu emprego você terá pouquíssimas ou nenhuma despesa.

83LINKEDIN: DICAS

(abra todos os links, leia ou assista aos ensinamentos várias vezes e especialize-se em Linkedin)

ABRA UM SITE DE BUSCAS E DIGITE:
COMO POSTAR UM CURRÍCULO NO LINKEDIN?
COMO SE CADASTRAR NO LINKEDIN?
COMO CRIAR UM PERFIL DE SUCESSO NO LINKEDIN?
VEJA COMO FAZER O SEU PERFIL NO LINKEDIN?
COMO CRIAR UM PERFIL EFICAZ NO LINKEDIN?
PERFIL NA REDE SOCIAL DO LINKEDIN?
COMO FAZER UM CADASTRO NO LINKEDIN?
COMO CRIAR O MEU LINKEDIN?
COMO CRIAR UMA CONTA NO LINKEDIN?
COMO CONFIGURAR O LINKEDIN?
MELHORES FRASES PARA COLOCAR NO LINKEDIN
COMO ADICIONAR UMA NOVA COMPETÊNCIA NO LINKEDIN?
COMO CRIAR UM PERFIL EM INGLÊS NO LINKEDIN?
COMO CRIAR UM PERFIL PROFISSIONAL NO LINKEDIN?
COMO CRIAR UM PERFIL QUE TE VALORIZE NO LINKEDIN?
COMO CRIAR UM PERFIL CAMPEÃO NO LINKEDIN?
COMO CRIAR UM PERFIL COMPETITIVO NO LINKEDIN?
COMO CRIAR UM PERFIL ATRATIVO NO LINKEDIN?
UNIVERSITARIO: CRIE SEU PERFIL NO LINKEDIN?
DICAS PARA UM BOM PERFIL PROFISSIONAL NO LINKEDIN?
POR QUE DEVO CRIAR UM PERFIL NO LINKEDIN?
20 CONSELHOS PARA UM BOM PERFIL NO LINKEDIN?
OTIMIZE SEU PERFIL NO LINKEDIN?
LINKEDIN PARA PROFESSORES
LINKEDIN PARA T.I.
LINKEDIN PARA (digite o nome de sua profissão)
GUIA PRÁTICO DO LINKEDIN
COISAS QUE OS HEADHUNTERS PROCURAM NO LINKEDIN?
COMO CRIAR UM PERFIL FORTE NO LINKEDIN?
POTECIALIZE SEU PERFIL NO LINKEDIN?
PALAVRAS CHAVES PARA POSTAR EM SEU LINKEDIN?

MEU LINKEDIN VISTO PELAS MELHORES EMPRESAS
COMO POSTAR MEU PERFIL NO LINKEDIN AMERICANO? (ou de outro
país de sua preferência)

PENSE BEM:

-Pare de se vangloriar. Ficar contando vantagens sobre o seu perfil
(buzzwoars),não lhe trará grandes vantagens. Atualize sempre o seu perfil para
cada interesse, capriche num bom resumo de suas qualificações, especifique bem
a profissão desejada, e se possuir, dê destaque à sua experiência no cargo
pretendido. Não faça cópias carbonos de outros perfis. Pesquise muito sobre
empresas de seu ramo de qualificação profissional.
Preste atenção neste detalhe: apesar do linkedin ser uma porta aberta para a
conquista de um emprego, milhares de candidatos poderão estar pleiteando a
mesma vaga que você.

e,

-PESQUISE MUITO EM TODAS AS REDES SOCIAIS, SOBRE OS PERFIS
DESEJÁVEIS PARA A SUA QUALIFICAÇÃO PROFISSIONAL.
PRINCIPALMENTE NOS SITES DE EMPRESAS DE SEU INTERESSE.
PESQUISE OS PERFIS EXIGIDOS PARA PEQUENAS, MÉDIAS E
GRANDES EMPRESAS, TANTO NACIONAIS COMO MULTINACIONAIS.
PESQUISE TAMBÉM EM SITES DE VÁRIOS PAÍSES POIS, QUANTO MAIS
INFORMAÇÕES VOCÊ POSSUIR, MAIOR SERÁ SUA CHANCE DE
CONCORRER COM CENTENAS DE PERFIS INTERESSADOS NO
EMPREGO. (Há neste livro muitos exemplos de perfis desejáveis e também os
não desejáveis. Convém consulta-los)

-DEFINA SUA PRINCIPAL QUALIFICAÇÃO PROFISSIONAL
E   ESPECIFIQUE SUA FORMAÇÃO
ACADÊMICA TECNICA

-SE TIVER, CAPRICHE EM SUAS EXPERIÊNCIAS PROFISSIONAIS
ANTERIORES, TEMPO DE SERVIÇO NELA, E SUA MOTIVAÇÃO PARA
INTERFERIR NO AUMENTO DA PRODUTIVIDADE DA EMPRESA E
DISPONIBILIZE UM OU MAIS RECURSOS EM URL.

-SUA IDADE É MUITO MAIS IMPORTANTE QUE SUA FOTO.

-A PALAVRA FUNÇÃO É MAIS CHAMATIVA DO QUE A PALAVRA
CARGO.

--SALÁRIOS, SEMPRE A COMBINAR.

TODAS AS EMPRESAS SÃO OBRIGADAS A ACOMPANHAR AS
TENDÊNCIAS DO MERCADO. MOSTRE EM SEU PERFIL SUA
QUALIDADE DE PESQUISADOR DE TENDÊNCIAS.   Abra um site de
pesquisas e digite:

You Tube/empregos/nome da cidade

You Tube/empregos/nome do estado

You Tube/empregos/nome do país

You Tube/empregos/nome da empresa

Linkedin/vagas de/nome da profissão

Linkedin/emprego/nome da profissão

(abra todos os links, leia ou assista aos ensinamentos várias vezes e especialize-se
em Linkedin)

84- R.H. (RECURSOS HUMANOS)

R.H. (Recursos Humanos) é um departamento
dentro de uma empresa encarregado da divulgação de vagas de emprego, leitura
de currículos, seleção, entrevistas, dinâmicas, contratação, treinamento e salários
de um candidato a emprego ou de sua dispensa. É ele também quem observa o
comportamento, o desempenho, o potencial em acompanhar as tendências do
mercado, suas necessidades e transformações sociais, a empatia, o relacionamento
social e interação com o grupo e com a produção e também, orienta, incentiva ou
repreende, passa informações sobre horários de trabalho, segurança, higiene e
normas trabalhistas. Avalia o perfil, expectativas, entusiasmo, formação técnica
e a experiência com resultados anteriores do candidato a emprego. Seu principal
objetivo é contratar o melhor candidato com o melhor perfil ou qualificações
para aquele tipo de trabalho. Todo recrutador de R.H., além de estar
comprometido com a empresa, conhece toda a estrutura , sua filosofia, seu alvo
final, e o que cada departamento espera de seus funcionários.

Saiba também:

Técnicas de administração de empresas, visam sempre tornar a empresa o mais
produtiva possível. E produção significa trabalho bem sucedido. E para que haja
sucesso, toda empresa necessita do há de melhor no mercado de trabalho para
impulsionar sua produção. Aí entra o trabalho do RH na busca e seleção do que
há de melhor na oferta de prestadores de serviços.

Currículos com perfis espetaculares chamam a atenção do RH de toda empresa e, reconhecer aqueles que mais se enquadram ao perfil desejado é uma tarefa que envolve várias situações, tais como: entrevistas, dinâmicas de grupos, treinamentos e a partir daí, o encaminhamento ao setor de contratação.

Abra um site de pesquisas e digite:
>
> RH/como funciona?
>
> > RH/o que é isto?
> >
> > > RH/como

avaliar os currículos?
> Youtube/RH
> YouTube/RH/melhores candidatos

85
LEMBRETES:
> A INTERNET É A MELHOR FONTE DE
INFORMAÇÕES SOBRE A OFERTA DE EMPREGOS.
USE E ABUSE DA PESQUISA PELA INTERNET.
HÁ CENTENAS DE SITES DE BUSCA USÁVEIS NA BUSCA DE EMPREGOS
Abra um site de buscas e digite:
SÃO PAULO/BALCÃO DE EMPREGOS
RECIFE/AGÊNCIAS DE EMPREGOS
RIO DE JANEIRO/EMPREGO/MECÂNICOS
SALVADOR/TRABALHO/COSTUREIRAS
e todos os jornais de sua região ou do Brasil. Por exemplo:
nome do jornal/CARREIRAS
nome da emissora de TV/empregos
nome da revista/empregos
Entre no site: GUIA DE MIDIA ali você encontra milhares de nomes de jornais, revistas, emissoras de rádio e tv em todo o mundo.
E milhares de outras buscas. Siga os exemplos acima.
SEMPRE É BOM LEMBRAR:

-2021 SERÁ UM BOM ANO PARA ABERTURA DE VAGAS NO BRASIL
Com a chegada das vacinas contra Covid 19 e também, juros baixos incentivarão todos os tipos de financiamentos. O comércio, a indústria , a agropecuária e a construção civil agradecerão. A expectativa de estabilidade no Brasil, atrairá investidores estrangeiros e, com eles, novos empregos.

-CIDADES BOAS DE EMPREGOS EM 2021
São Paulo sp Recife pe Londrina pr Curitiba Brasília go Rio de Janeiro rj São Luizma Brusque sc Santa Cruz do Sul rs Franca sp Blumenau sc Vacaria rs Cristalina go Capanema pr São Gotardo mg Birigui sp Arapiraca al Imperatriz ma José Bonifácio sp Vinhedo sp Novo Hamburgo rs Chapecó sc e, não subestime a cidade onde você mora. Ali pode estar o melhor emprego do mundo.

-OFERTAS DE EMPREGOS
Abra um site de buscas e digite:

P.A.T. POSTO DE ATENDIMENTO AO TRABALHADOR   SP

https://www.desenvolvimentoeconomico.sp.gov.br/programas/postos-de-atendimento-ao-trabalhador-pats/

https://pat.agendasp.sp.gov.br/eagenda.web/PAT/   nome da cidade

vagas de emprego/nome da cidade

P.A.T./nome da cidade

Oferta de empregos/São Paulo
Oferta de empregos/Rio de Janeiro
Oferta de empregos/Belo Horizonte
Oferta de empregos/Borá SP
Oferta de empregos/Manaus
OFERTAS DE EMPREGOS/digite o nome de todas as cidades de seu interesse
(entre nos links com ofertas de empregos, avalie-as e envie seu currículo)

-Não se esqueça de abrir sites de agências de empregos:
Sites de agências de empregos
sites de agências de empregos internacionais
(muitas agências cobram apenas do empregador)

E,

Em seu telefone celular pode estar sua grande chance de conseguir emprego.
Abra já todos os APLICATIVOS possíveis para seu celular:
                    SINE FÁCIL (ótimas oportunE encontre ali:
Concursos públicos por todo o
Brasilidades)
EMPREGO
                    VAGAS TRABALHO
                              ESTÁGIOS

          CURSOS DE QUALIFICAÇOES PROFISSIONAIS
Ou
Abra um site de buscas e digite: aplicativos de empregos para celular
E também, entre no site:
empregabrasil.mte.gov.br/ escola do trabalhador

e,

-abra um site de buscas e digite:
200 maiores empresas do Brasil

Entre no site de todas pois pode haver milhares de vagas de empregos daí, é só enviar o seu currículo e também, não somente as maiores empresas oferecem empregos como também as de médio e pequenos porte. Em todas elas existem o link TRABALHE CONOSCO. Entre em todos eles, anote todos os detalhes e entre em contato e envie seu currículo.
-Enquanto você estiver desempregado, abra o site de todas as empresas de seu conhecimento. DE TODAS e você ficará surpreso com a quantidade de ofertas de empregos. FAÇA O TESTE AGORA.

PRESTE ATENÇÃO A ESTES DETALHES:

entre em um site de buscas e digite:
CONCURSOS PÚBLICOS e encontre:

Apostilas para todos os concursos
Aula gratuitas em vídeo de todas as matérias
Links sobre concursos
Dicas Simulações Provas anteriores Provas virtuais Como ser aprovado
Cargos Previsões Estágios e empregos
Ser aprovado em um Concurso Público é ter emprego garantido até a aposentadoria.

-Mesmo encontrando-se em uma zona de conforto, tenha sempre em mente um plano B.

-Ao enviar seu Currículo, verifique: o perfil exigido para a vaga; pretensão salarial compatível com a média usual; informações corretas; correção ortográfica; oferta da vaga dentro do prazo de validade.

-Esqueça o seu telefone celular guardado e desligado. Não ouse utilizá-lo ou atendê-lo durante uma entrevista.

-Entre em um site de buscas e digite:

P.A.T. posto de atendimento ao trabalhador/nome da cidade

ENTRE EM UM SITE DE BUSCAS E DIGITE

LINKEDIN/BONS EMPREGOS
                INSTAGRAN/BONS EMPREGOS
                                EMPREGOS INTERNACIONAIS
                                                BONS
EMPREGOS/YAHOO
                GOOGLE.COM.BR/BONS EMPREGOS
                                BONS EMPREGOS/ NOME DE

UM JORNAL
EMPREGOS/NOME DE UMA CIDADE

ENTRE EM UM SITE DE BUSCAS E DIGITE:

Concursos e empregos/YAHOO

Concursos e empregos/UOL

Concursos e empregos/GAZETA

Concursos e empregos/SBT

Concursos e empregosr7 concursos 2019

concursos e empregos online

concursos e empregos/O GLOBO

concursos e emprego/FOLHA DE SAO PAULO

concursos e emprego/ESTADAO

concursos e emprego/VEJA

concursos e emprego/MOMENTO ECONOMICO

concursos e emprego/AMARELINHO

concursos e emprego/JORNAL DOS CONCURSOS

PCI CONCURSOS

concursos e emprego/GAZETA ESPORTIVA

EMISSORAS DE TV NO BRASIL/LISTA

EMISSORAS DE RÁDIO NO BRASIL/LISTA

JORNAIS NO BRASIL/LISTA

<u>Faça como nos modelos abaixo:</u>

Jornal Primeiramão/anúncio de empregos

Jornal Gazeta do Oeste /anuncio de empregos

<u>Jornal Daqui</u>/vagas de empregos

Rádio <u>Alegria FM Porto Alegre</u>/anúncios de empregos

Radio Gabriela/anúncio de empregos

Concursos e empregos/RBS TV Santa Cruz do Sul

TV Cidade Verde (SBT/empregos na cidade

Tv a cabo Ideal TV/Rede Mundial/anúncios de empregos

<u>TV Plenitude</u>/concursos e empregos

E também:

TODAS AS CIDADES DO BRASIL/LISTA

E siga os modelos abaixo:

<u>Marituba</u> Pa/pat/empregos

Borá sp/pat/empregos

-E se você estiver interessado em montar uma pequena empresa, abra um site de buscas e digite: LIBERDADE ECONÔMICA e pesquise sobre a necessidade de requerer licenças e alvarás para funcionamento.

-ALGUMAS PROFISSÕES DO FUTURO

TÉCNICOS EM:

Bioquímica de alimentos - Programador visual -   tecnologia em telecomunicações   -

Marketing/e-commerce - anti-hacker - tecnologia da informação - marketing virtual profissional de logística - químico/bio-tecnologia - big data - moedas alternativas   entregas via drones - transportes alternativos - agricultura urbana vertical - energias alternativas - impressão industrial em 3D- - entretenimento infantil/juvenil - coaching/ social or personal - coaching/relações públicas - telemedicina - bem estar ambiental corretor de moedas virtuais - designer/móveis - designer/alta costura -coaching/designer/portfólios pessoais - geneticista para geração de bebês - softwares para qualificação em sensores de investigam, monitoram e diagnósticam sobre nossa saúde e as carências - tecnologia de parceria com robots - serviços ciberfísicos infra estrutura inteligente - empresas estratégicas - energias renováveis -   indústrias digitais - leitura de dados de seu dna na produção personalizada de medicamentos - plataformas que otimizem a maioria dos setores: trânsito transportes logísticas saúde esportes segurança habitação pesquisador de novas tecnologias de dessanilização da água, de sua depuração de sua despoluição nos rios, lagos e mares -   tecnologias em controle climáticos
                                                        tecnologias em aproveitamento na retirada de água existentes no vapor d'àgua da atmosfera

-SEU EMPREGO TEM PRESSA – leia com atenção e siga os ensinamentos acima – COM CERTEZA SEU EMPREGO VIRÁ COM RAPIDEZ.

E TAMBÉM

- Em um emprego, de todos os protocolos de condutas que podem ser considerados sobre sua atuação, a   pontualidade no cumprimento das metas pode ser a principal delas.

- Formule sempre um relatório, seja verbal ou escrito e mantenha seu chefe informado sobre todas as demandas em sua área.

- Peça opiniões de seu chefe e também de colegas sobre como melhorar sua atuação na área

- Interagir compartilhando sucessos é fundamental aos ideais da carreira.

- Socorrer os excessos de demandas da equipe derruba todas as barreiras em sua trilha para o sucesso.

- Nas confraternizações, comemore como se fosse o protagonista porém, sem extrapolar limites.

- Levantar perguntas sobre caminhos a seguir é tão importante quanto apresentar soluções.

- Participar de cursos de qualificações e palestras e compartilhar conhecimentos com seus pares, aumentam suas possibilidades futuras.

- Em seu emprego, será uma boa prática, agendar suas metas diárias, organizar suas demandas e pesquisar possibilidades de ampliar os alvos da empresa.

- Muitos são os diferenciais entre os funcionários de uma empresa porém, a ética é o que mais faz a diferença entre todos.

- Ao procurar por um novo emprego, durante a entrevista você será levado a falar sobre o emprego anterior. Por que resolveu trocar de emprego ou de empresa? Se você pediu demissão ou foi demitido? Nunca minta pois o entrevistador poderá entrar em contato com a empresa de seu emprego anterior e pegará a sua mentira. Fale sempre a verdade.

-Empatia é fundamental entre funcionário e empresa. Se não for recíproca, as relações entre ambos estarão prejudicadas. A inteligência emocional desenvolve-se onde objetivos se atraem. Incentivos pela produtividade, um bom plano de saúde, estímulos à requalificação acadêmica ou profissional levam o funcionário ao incentivo empático. A participação do funcionário na atenção dada à ampliação aos alvos da empresa, atrairá os olhares da empresa para si.

- Mesclar home-office com trabalho presencial é um posicionamento estrutural da maioria das empresas onde a mão de obra não se faz necessariamente presente.

- Desenvolver habilidades comportamentais de difícil avaliação pela chefia pode levar o funcionário a um "stress oxidativo" em relação aos objetivos da empresa.

- Seja você mesmo sempre, e transforme-se em um influencier. Ninguém é igual a você e suas demonstrações profissionais podem se transformar em influência de marketing para a empresa.

- Dos dezesseis anos de idade aos sessenta e cinco, quem é mais útil para a empresa? Do jovem aprendiz ao veterano experiente a empresa tira seus proveitos nos momentos propícios. Nas decisões, nas necessidades de viagens, nas necessidades de força bruta, nos aconselhamentos, seja qual for a idade, todos são úteis pois, opiniões diferente, ideias inovadoras e compartilhamento coletivo propiciam o sucesso da empresa.

- A globalização faz do nosso Planeta um só em desenvolvimento de novas necessidades e com elas, novos estilos de lideranças onde o alvo seja a inteligência emocional grupal.

- Você já sentiu sono depois do almoço, em seu trabalho na empresa? Pois saiba que isto não é anormal. Empresas que permitem um cochilo de seus funcionários após o almoço, vê um aumento na produtividade de todos. O trabalho em home-office tem nos aplicado esta lição.

- Planeje a sua promoção no trabalho. Pesquise sobre as principais necessidades da empresa e invista nelas e supere as metas. Mostre o resultado e terás a sua promoção.

- Aceitar o home-office ainda tem provocado incertezas nas empresas sobre assiduidade, pontualidade, dedicação e principalmente, interação compartilhada entre produção e resultados. Trabalhar home-office apenas de calcinha ou cuecas são detalhes desnecessários para o conhecimento da empresa.

- Enquanto você ouve, seus neurônios estão sendo abastecidos de informações. Ao falar, seus neurônios estão transferindo informações. Informações produtivas é o que toda empresa necessita. Então, ouça mais e fale menos pois, no momento oportuno você deverá falar mais.

-Senhor empresário: Incluir refugiados ou imigrantes estrangeiros no quadro de contratações tem auxiliado empresas no aprimoramento do idioma em seus nuances e aplicações futuras.

-Tem sido uma boa prática a contratação de coachings especialistas, para o treinamento, reciclagem e aprimoramento dos funcionários, dentro da empresa.

-Se você estiver melhor qualificado para uma promoção do que outro funcionário com ligação familiar com a empresa, frustração em sua motivação e desempenho apenas o desqualificará para a promoção.

- Habilidades, competências, qualificações profissionais têm ficados obsoletas a cada ano, fazendo com que a requalificação, novas habilidades e competências sejam necessárias e substituídas pelas inovações.

- Envolvimento amoroso entre funcionários da empresa deve obedecer a regras claras estabelecidas pela empresa.

- ESPECIALISTA EM INTELIGÊNCIA ARTIFICIAL - É aquele que utilizando-se de banco de dados, encurta caminhos e encontra soluções estratégicas visando caminhar passo a passo com as tendências, diagnósticos e inovações tecnológicas exigidas pelo mercado.

-O mundo financeiro atual, seja você um empregado ou empregador, não lhe permite hesitações porque a concorrência irá engoli-lo. Seja qual for a sua situação, sua atenção sempre terá que ser orientada para as tendências. Para fazer isso, você deve se tornar um "ranking men" ou, pesquisador de tendências em redes sociais, domínios internacionais, ações do mercado, conteúdo multimídia, empresas, aplicativos, e-commerce, objetivos de marketing, sistema de classificação Google, gostos populares de crianças, jovens, adultos e idosos, isto é, tudo o que é de interesse para o seu ramo de trabalho, uma vez que também envolverá milhares de interesses indiretos. Existem centenas de critérios e situações investigadas por seus concorrentes, prontos para lhe aplicar uma rasteira . E nunca subestime as redes sociais, sejam elas brasileiras ou multinacionais. Veja o ranking dos maiores do mundo: Facebook YouTube WhatsApp Facebook Messenger Wechat Instagram Tumblr QQ QZone Sina Twitter Reddit Twitter Skype LinkedIn

-AMPLIE sempre sua rede de contatos, inclua novos amigos, novos conhecidos; leia mais; pense em contratar um personal-coach para uma nova habilidade; estude novas plataformas, novos aplicativos e novos recursos tecnológicos que poderão ser úteis em sua área.

-Profissões que envolvem riscos de vida ou à saúde, enquadram-se nos direitos à aposentadorias especiais.

-Trabalhar em equipe compartilhando ideias de produtividade, confiando e ganhando confiança do grupo fará de você a diferença.

-A empresa em que você trabalha é a melhor empresa do mundo. Mesmo que seja estressante e pague pouco, pense positivamente. Porém, se em seu emprego não houver perspectiva de melhorias futuras, considere-o apenas como um emprego momentâneo e continue fazendo cursos de reciclagens ou aprofundamento em outras áreas, visando novo emprego.

-Aprendemos com os erros. Ficamos mais equilibrados após uma queda.

-Se você terminou um curso de graduação, é hora de começar a pós.

-A confiança da juventude num futuro próspero, dada a maturidade política e social em que o Brasil tem apresentado, dará a todos, a oportunidade de emergir a um desenvolvimento galopante em todos os setores de empreendimentos . Seja você, trabalhador temporário, freelancer, autônomo, micro empresário individual, desempregado, sua chance de deslanchar rumo à prosperidade, tendo à sua frente, todas as portas abertas à disposição. Confie nisto.

-A era digital, tem dado ao jovem, asas à imaginação, aprimorando-o em planejamento e organização, fazendo com que o mesmo tire todos os proveitos em benefícios a novos empreendimentos.

-Talento não têm sexo. Têm qualificação. Seja qual for a diversidade, orientação ou identidade de gênero, na busca pela qualidade, entra o domínio da tecnologia. E, tecnologia não tem sexo: tem talento e principalmente, qualificação.

ATENÇÃO: A Alemanha, estará com as portas abertas para a contratação de estrangeiros. Qualquer que seja a sua qualificação, vá treinando o seu inglês e o alemão.

DICAS ÚTEIS:

-Cadastro Geral de Empregados e Desempregados, ou CAGED, é um dispositivo legal instituído pelo Ministério do Trabalho e Emprego para controlar admissões e demissões dos trabalhadores sob o regime CLT
http://trabalho.gov.br/trabalhador-caged

-PROFISSÕES E SALÁRIOS: https://www.salario.com.br/pesquisa-salarial-brasil/

-OTIMOS SITES de buscas por empregos - REPRESENTAM MILHÕES DE VAGAS DE EMPREGOS

vale a pena consultá-los

Alguns são gratuitos e outros pagos. Consulte os preços antes de contratar qualquer serviço

www.linkedin.com. ... rede social, site de empregos e currículo online.

www.catho.com.br   é um serviço pago 1,8 milhão de vagas publicadas todos os anos

www.infojobs.com.br   é um serviço pago – publica e expõe currículos

www.net-empregos.com   disponível para Portugal

www.sine.com.br gratuito   mais de um milhão de vagas publicadas

www.vagas.com.br   gratuito recrutamento e seleção

www.indeed.com.br   gratuito divulga os perfis dos candidatos

www.trovitbrasil.com.br   utilizados na Europa e América Latina.

www.ciee.org.br gratuito   oportunidades de estágio ou aprendizado

www.manager.com.br serviço pago carreiras gerenciais

www.juridicovagas.com.br bacharéis em Direito e advogados

www.cvengenharia.com.br para engenheiros

www.carreirafashion.com segmento da moda.br serviço pago

www.monster.com Europa, América do Norte, Ásia e Oriente Médio

www.seek.com.au Austrália e na Nova Zelândia.

www.net-empregos.com Portugal

Maturi Jobs candidatos com mais de 50 anos

NÃO SE ESQUEÇA: Acione sempre estes portais:
 https://empregabrasil.mte.gov.br/   entre no link VAGAS DE
EMPREGOS   Sine.gov.br/nome de sua cidade
                                        PAT/nome de sua cidade Ou de
qualquer cidade brasileira

-Em seu celular, baixe o aplicativo SINE FÁCIL (ótimas oportunidades)

-ENDEREÇOS DOS CATes   (CENTRO DE APOIO AO TRABALHO E
EMPREGO)   entre nos sites abaixo:

www.prefeitura.sp.gov.br/desenvolvimento

ou

https://www.prefeitura.sp.gov.br/cidade/secretarias/desenvolvimento/espaco_do_t
rabalhador/?p=220255

Interessados nas vagas de emprego no CATe disponíveis, devem procurar uma
unidade CATe com RG, CPF, carteira de trabalho e número do PIS. Caso não
possua os últimos documentos, a emissão é feita na hora com apresentação de
uma foto 3x4.

-SENAI Mais de 100 mil vagas em Cursos Gratuitos

Prepare-se para a Indústria 4.0 durante a quarentena com o SENAI.

SAIBA TAMBÉM:

_TRABALHAR NA TELEVISÃO

Abra os sites das emissoras de TV e acesse os links: (modelos)

Globo vagas   sbt trabalhe conosco   sbt vagas trabalhe no sbt   tv bandeirantes
trabalhe conosco   rede tv trabalhe conosco   tv bahia trabalhe conosco
tv brasil trabalhe conosco e toda e qualquer emissora de seu interesse, siga o
modelo acima, mesmo que seja para estágio ou trainee.

- Ao se candidatar a um emprego em qualquer que seja a emissora de tv, cadastre
um currículo com a vaga pretendida e também, um vídeo-book com suas
qualificações artísticas.

Acesse o site oficial da emissora e digite: talentos/nome da emissora   ou
contra regras/nome da emissora   cenógrafo/nome da emissora   ou câmera-
man/nome da emissora e outros cargos. Em cada setor poderá haver um endereço
de e-mail para entrar em contato

- Basta ter uma qualificação profissional, facilidade de comunicação, iniciativa,
ter conhecimento em sistemas computadorizados, aceitar desafios e,chances de
 um emprego surgirão.

Jornalismo, rádio e tv, programação visual, artes visuais, artes dramáticas, artes
cênicas, decoração, ilustração, música, figurinista são algumas das qualificações
conseguidas no meio acadêmico.

- TRABALHAR EM HOLLYWOOD

                                                                 entre em um
site de buscas e anote nomes de empresas de Hollywood, seja comercial,
industrial, de serviços, cinematográficas ou entretenimentos e digite em inglês:
    nome da empresa/nome da profissão/emprego/nome da cidade

emprego/nome da qualificação/nome da empresa

nome de sua formação teatral ou artística/nome da empresa/emprego

 No mercado cinematográfico, é fundamental que possua qualificações
profissionais em teatro, atuação em workshops, dança, canto, proficiência no
idioma inglês. Pesquise agências de empregos de Hollywood, agenciadores e

empresas cinematográficas e entre em contato com atores e exponha suas pretensões, cadastre um currículo com a vaga pretendida e também, um vídeo-book com suas qualificações artísticas e, antes de viajar providencie passaporte e visto de entrada ou de trabalho. Recomendações de terceiros pode ser a melhor maneira de abrir-lhe as portas além de referências e qualificações profissionais.

E TAMBÉM:

-A flexibilização no horário de trabalho durante a pandemia servirá de modelo para que todos os trabalhadores ajustem seus horários adequando-os às suas conveniências adaptadas às da empresa.

 -O trabalho home-office utilizado durante a pandemia, poderá servir de modelo para futuras adequações ao pós-pandemia onde o aumento da produtividade foi constante. E, Ao trabalhar pelo sistema Home-Office saiba que você tem um contrato trabalhista onde todos os detalhes devem ser observados com rigor: o cumprimento do horário; as metas; os prazos; a conecção em tempo integral; mantenha interrompidos os grupos de WattSapp; respeite os horários de reuniões, lives e vídeo-conferências. Não permita que trabalho doméstico atrapalhe suas relações de trabalho com a empresa.

-Sonhe, sonhe muito, fantasie à vontade ao planejar estratégias e, com certeza chegará o momento das realizações.

 -Independentemente de nossa formação acadêmica, todos temos habilidades montadas por nossas vivências cotidianas que levamos ao terreno profissional com maestria ímpar.

-Em seu ambiente de trabalho deixe desligada suas notificações de e-mail e wattsapp.

 -Mesmo você tendo um rico currículo, os perfis de sua personalidade quase sempre ficam escondidos, dificultando a real avaliação pelo RH.

 -Contar vantagens sobre suas qualidades podem ser vistas como desvios de perfis como também, relacionar seus defeitos por menores ou maiores que sejam, demonstram honestidade e, poderão ser vistos como riquezas em seus perfis.

 -Medo de errar ou medo em aceitar críticas, nos levam à timidez em nossa ousadia pelas iniciativas.

-Em vez de "eu sei, eu faço, eu consigo, eu percebo", diga sempre: "nós sabemos, nós fazemos, nós conseguimos, nós percebemos".

-Se você não sabe ouvir o seu grupo com certeza, uma reprimenda lhe será necessária.

-Se você é chefe de uma equipe de funcionários, padronize os objetivos da empresa porém, individualize as orientações.

-Pelo bem da empresa, para todo e qualquer conflito deve ser encontrado as soluções.

-Liderança feminina pode promover maior produtividade.

-Sua procura pelo emprego deve ser ampliada por todos os recursos. 60% das vagas de emprego não estão on-line.

-Entre em um site de buscas e digite: "ferramentas de videoconferencia para entrevistas de empregos". Abra os links e pesquise-os. Formalize-se ao entrar em contato com a empresa: cabelos penteados, roupas em ordem.

-Monte uma rede de amigos: colegas de escola, do clube, do time, da vizinhança e troque informações sobre vagas de emprego.

-Ao abrir as coletas de currículos as empresas montam um banco de dados de possíveis contratações. Seu perfil:acadêmico, de experiências em trabalhos anteriores, de disponibilidade de tempo, viagens. Todos os detalhes interessantes para a empresa serão somados a seu favor.

-E se você quiser fazer um curso técnico correspondente ao Ensino Médio, entre no site abaixo e saiba mais: Catálogo Nacional de Cursos Técnicos
http://cnct.mec.gov.br/

-Nunca permita que frustrações do cotidiano se transformem em depressão. Pelo contrário, tire proveito delas, contra-ataque, chute a lata da baixa-estima e vá a luta, corrija suas falhas e aprimore-se.

- Ao procurar por um novo emprego, durante a entrevista você será levado a falar sobre o emprego anterior. Por que resolveu trocar de emprego ou de empresa? Se você pediu demissão ou foi demitido? Nunca minta pois o entrevistador poderá entrar em contato com a empresa de seu emprego anterior e pegará a sua mentira. Fale sempre a verdade.

-Durante uma entrevista de emprego, não ria de suas próprias respostas e não seja superficial e cheio de justificativas.

-Se você é fumante, apesar de ser uma droga lícita, saiba que poderá haver restrições em sua entrevista de emprego.

-Se você disser que toma bebidas alcoólicas, se isolada ou socialmente, poderá fazer a diferença sobre sua contratação ou não.

-Expor à chefia, seus anseios ou sonhos futuros para sua carreira, tais como, especializações, reciclagens, idiomas, doutorados poderá deixá-lo bem visto dentro da empresa.

-Para chegar à gerencia ou chefia, todo funcionário deve participar ativamente desde o seu primeiro dia de trabalho, de todo o sucesso da empresa.

- Quando pedir demissão de seu emprego? Salário baixo sem perspectiva de aumento e pouco estímulo à promoção são fatores preponderantes para que o empregado pense em tomar alguma atitude. O primeiro passo é planejar sua demissão. E antes de concretizá-la, tenha outro emprego em vista e, engatilhado.

-Babás e cuidadores de idosos têm emprego garantido. Existem cursos de preparação para babás e também para cuidadores de idosos.

-Todo empreendedor idealiza objetivos de conquistas de novos negócios, novos produtos o aperfeiçoamento de técnicas que levem a uma independência seja financeira ou social.

-Todo empregado deve organizar um plano de carreira dentro da empresa, elaborando estratégias, planejando progressões e treinamentos.

-Em seu cotidiano no emprego, é importante que você crie uma lista de tarefas diárias.

-No pior momento da carência de recursos, coloque à venda seus desapegos domésticos, ofereça prestação de serviços, venda poesias, cartas de amor, aulas particulares. Basta divulgar que com certeza, haverá interessados.

-Em uma entrevista de emprego, poderá haver perguntinhas básicas que você terá que respondê-las com rapidez e precisão: Por que você quer trabalhar nesta empresa? São dezenas de candidatos, por que você acha que devemos escolhê-lo? Como são os seus amigos?   Como são as suas diversões?   Você vai aos estádios de futebol assistir a jogos? Você frequenta festas e baladas?   Muitas das perguntas, quando irreverentes, você poderá recusar a responder.

-Em qualquer etapa de seu emprego, nunca fale palavrões, não faça gracejos, nem brincadeiras idiotas, não chame ninguém por apelidos.

-Exercer liderança incentivando o desenvolvimento de inteligência emocional grupal, dará ânimo e estímulo individual para atingir os alvos da empresa.

-Ao ser aceito pela empresa, levar ao departamento de recursos humanos: CTPS, RG ou CNH, CPF, Certificado de Reservista (homens), Título de Eleitor, Certificados de escolaridades e cursos feitos, Comprovante de residência

-Quanto mais qualificação você tiver, maiores serão suas chances de sucesso em uma entrevista de emprego.

-Cozinheiras diaristas a domicilio, anuncie o seu serviço pois não lhe faltará trabalho.

-Mercado de trabalho sempre aberto para pesquisadores de redes sociais.

- Dos dezesseis anos de idade aos sessenta e cinco, quem é mais útil para a empresa? Do jovem aprendiz ao veterano experiente a empresa tira seus proveitos nos momentos propícios. Nas decisões, nas necessidades de viagens, nas necessidades de força bruta, nos aconselhamentos, seja qual for a idade, todos são úteis.

-Empatia é fundamental entre funcionário e empresa. Se não for recíproca, as relações entre ambos estarão prejudicadas. A inteligência emocional desenvolve-se onde objetivos se atraem. Incentivos pela produtividade, um bom plano de saúde, estímulos à requalificação acadêmica ou profissional levam o funcionário ao incentivo empático. A participação do funcionário na atenção dada à ampliação aos alvos da empresa, atrairá os olhares da empresa para si.

-Na Internet você encontra milhares de páginas possíveis de encontrar um emprego.

- Mesclar home-office com trabalho presencial é um posicionamento estrutural da maioria das empresas onde a mão de obra não se faz necessariamente presente.

-Toda grande empresa possui em seu anúncio, um link escrito: "trabalhe conosco". É fundamental acessar este link.

- Desenvolver habilidades comportamentais de difícil avaliação pela chefia pode levar o funcionário a um "stress oxidativo" em relação aos objetivos da empresa.

-Conflitos e discussões acirradas em um ambiente de trabalho não são raros e, também não são prejudiciais ou melhor, podem ser úteis pois, forma-se um feedback positivo para uma das partes ou negativo para outra onde, quem sai lucrando é a produtividade da empresa.

- Seja você mesmo sempre e, transforme-se em um influencier. Ninguém é igual a você e suas demonstrações profissionais podem se transformar em influência de marketing para a empresa.

-Quem não se inova, envelhece e quebra. A expansão do e-commerce mostra bem isto. As transformações digitais mostram novos recursos surgindo diariamente; aplicativos de compras, vendas, pagamentos, pesquisas, salas virtuais, assinaturas virtuais, mensagens, propaganda de produtos e serviços, estão à mostra virtualmente para quem quiser explorá-los ou utilizá-los. Não há o que ficar esperando sentado. É partir para a inovação ou, a rastreira de seus concorrentes virá.

- Toda informação constante em um currículo que almeja um emprego, é pesquisada antes de ser validada. Seja em uma fluência em idiomas, ou qualificações profissionais, tempo de serviço anterior, instrução técnica, acadêmica, Por pequena que seja a mentira, o desmascaramento virá. A partir da veracidade vem a validação e o currículo passa a ser classificado como útil para a empresa.

Dominar o idioma inglês, fará com que suas portas profissionais se ampliem. Vocabulário técnico em sua área é fundamental com domínio da fluência na conversação, tradução e redação. Porém, proficiência só se adquire com muito estudo da língua ou morando no país do idioma. Seja em países da língua inglesa ou, no Japão ou China ou Alemanha ou Índia, seja qual for o país, o seu trabalho será promissor dominando o idioma inglês .

-No mundo atual, falar apenas uma Língua é ficar parado no tempo. Estudando outras Línguas, dará a você maiores oportunidades em sua carreira ou na procura por um emprego. Inicie-se já em outros idiomas. Inglês, Espanhol, Italiano e Francês, são Línguas fáceis de serem aprendidas. O Inglês é universal. (Na China, existem mais chineses que dominam a língua inglesa, do que a soma de todos os ingleses e americanos). Uma técnica simples e rápida de aprendizagem de outro idioma é, através da conversão do Português para a língua desejada. Utilize o Google Tradutor ou outro conversor. Escreva uma frase em Português, traduza-a para a Língua desejada, leia a tradução várias vezes e em seguida, reescreva-a sem olhar para a tradução. Tente várias vezes até o acerto total. Comece com frases simples, nos três tempos verbais, nas três pessoas, singular e plural, voz ativa e passiva. Depois, passe para frases maiores e por fim, pequenos textos. Meia hora por dia e, em um mês sua base no idioma estará montada para sempre. Basta apenas ter persistência.

-Aumenta para 12 meses o período de graça ao segurado que teve o benefício por incapacidade e deixou de contribuir com a Previdência Social.

-A cada livro lido, sua inteligência aumenta um pouco mais. Leia diariamente e você, além de mais instruído, estará muito melhor preparado para administrar tensões e encontrar soluções em seu trabalho ou mesmo para procurar por um emprego.

-Desde sua infância, você vê os talentosos: nos joguinhos de bolinha de gude, no pega-pega, na amarelinha, no "bafa da figurinha", no tênis de mesa, no futebol, na pipa, no skate, na matemática da sala de aula, na paquera enfim, você sabe que os talentosos existem e estão em todas as partes. Inclusive em seu emprego. É uma boa política estar ao lado deles.

-Explore todas as oportunidades de emprego que surgirem porém, fique atento à tentativas de golpes com falsos representantes de empresas com ofertas de vagas.

-AVISO IMPORTANTE: Se você é usuário de qualquer tipo de droga ilícita, sua chance de conseguir emprego estará drasticamente reduzida. Então, pense bem antes de começar a usar drogas e, se você já for dependente, procure por ajuda especializada imediatamente pois, para tudo há solução. Nenhum traficante de drogas permite que seus próprios filhos usem drogas. Você sabe por quê?

do autor, Prof. Vitor H Peroni

SIGA CORRETAMENTE OS ENSINAMENTOS DESTE LIVRO E SUAS CHANCES DE CONSEGUIR UM EMPREGO ESTARÃO BASTANTE AUMENTADAS.

"Nunca diga não ao sim ou sim ao não"

se precisar de ajuda, entre em contato com o autor:
vitorhperoni@yahoo.com.br

(site classificado pela Biblioteca Nacional como técnico-científico)

LIVROS DO AUTOR:
"APRENDA A PROCURAR EMPREGO"
"LEARN TO LOOK FOR EMPLOYMENT"
"APRENDA A BUSCAR EMPLEO"
"IMPARARE A CERCARE LAVORO"

em português, inglês, italiano e espanhol   (com adaptações pontuais a todos os países de cada idioma)

"NINGUÉM ENSINA COMO EU" (aqui quem ensina é o aluno) "dentro do maravilhoso mundo da sala de aula, coisas incríveis acontecem..." construtivismo - aprendizagem ativa

"ODISSEIA AMAZÔNICA" romance (adulto)

"Múltiplos mundos existem à nossa volta. Em cada um deles está a grande morada de Deus. Passamos por eles e não os enxergamos, mas eles existem. Estão muito próximos de nós".

www.amazon.com.br (DIGITE O NOME DO LIVRO – e-book))

www.amazon.com   (DIGITE O NOME DO LIVRO – impresso)